来迎芸術

大串純夫

法蔵館文庫

本書は一九八三年三月十日、法藏館より
「法藏選書」として刊行された。

目次

来迎芸術

来迎芸術——五色の糸をたぐって

一

金戒光明寺蔵山越阿弥陀図（図1）を見る人は、山に較べて、仏の姿が余り大きいのに驚き、その親指と人さし指のところから四センチほどの糸きれが下っているのを、「一体何だろう」と不審に思うだろう。これは弥陀如来が極楽浄土から、はるばる、われわれを迎えに来て、山の彼方に忽然と金色の姿をあらわしたところである。弥陀の手の糸きれは、長く美しい「五色の糸」の名残りで、昔の人々はこの像に向い、この糸の端を握って、一心不乱に念仏し、弥陀に導びかれて、極楽浄土に往生したいと願ったのである。いまは博物館のガラスのケースの中で、つめたく目を伏せている弥陀如来も、何百年か昔にはこの糸にすがる念仏行者に、あたたかい慈悲の瞳を投げていたのだ。

光触寺蔵頬焼阿弥陀縁起（図2）がその状況をよく示している。悲歎にくれる人々のな

図１　山越阿弥陀図（金戒光明寺）

かに、一人の尼が端然と坐り、合掌する手に弥陀如来の五色の糸を受けている。弥陀の左手首や脇侍の姿は、柱や人物の蔭にかくれて判りにくいが、光明院蔵阿弥陀三尊来迎図（図３）と比較すると、場面の意味は明瞭である。――弥陀如来の像は、その左手に結ばれた五色の糸に縋って念仏する尼を極楽浄土に迎えようとして彼女に優しい伏目を注ぎ、観音菩薩の像は、中腰になり蓮台をさし出して、「さあ、これにお乗りなさい、この花びらが閉じると、あなたはこれに乗ったまま極楽浄土に運ばれるのです。そして、この花が再び開く時、あなたは浄土の蓮華の上に往生することができるのです」とささやき、勢至菩薩の像は、合掌して彼の臨終を讃えている。

信仰生活に縁遠い今日では、こういう場面は、あるいは奇妙に感じられるかもしれない。しかし、これは決して「絵そらごと」ではなかった。昔の念仏行者は、誰しもこういう臨終の儀式を行って浄土往生を願ったのである。

ここにあげた絵（図1～3）は、すべて十四世紀ころに作られたものだが、こういう風習は、すでに十一世紀からあったことで一代の栄華を誇った藤原道長も、数奇の生涯を大原寂光院に終えた清盛の娘建礼門院も、弥陀像の手の五色の糸をひかえて、浄土往生を願ったことは、『栄華物語』や『平家物語』に記される通りである。光明院本の雲に乗って飛んで来た三尊の優しすぎるほど優しい姿と、三尊の衣の精巧を極めた切金模様は、毎日をあわただしく明け暮れるわれわれに、昔の夢をなつかしませるし、頰焼阿弥陀縁起の「五色の糸」は鑑賞的絵画を見なれたわれわれに、宗教芸術の特殊性を目のあたり示してくれる。そう思って見ると、金戒光明寺本のふるぶるしい糸きれは、弥陀の来迎を受ける念仏行者の歓喜のおののきに、今日もなお、ふるえているかのようである。

図2　頰焼阿弥陀縁起（光触寺）

しかし、仏像に糸をつけ、その糸にすがって仏像を礼拝することは、何も来迎像に始まったことではない。延暦六年（七八七）に書かれたといわ

図３　阿弥陀三尊来迎図
（光明院）

れる『日本霊異記』には、奈良の都の乙女が高さ二尺五寸の観音菩薩の金銅像の手に縄をかけ、それを引きながら「我に福を施せ」「我にすみやかに財を施せ」と願って、望み通りに福徳を授かった話があるし、『東大寺要録』によれば、天平勝宝四年（七五二）四月九日、東大寺の大仏開眼供養の日に、開眼師菩提僧正は大仏の前に進んで筆をとって開眼したが、その時、僧正は自分の筆に縄をつけて、参集した人々にその端を握らせ、大衆の力で大仏が完成したことをあらわしたと伝えている。

東大寺の大仏は聖武天皇が「鎮護国家」のために鋳造させたもので、わが国力の象徴、天皇権力の象徴として現世的、国家的な意図を持つ仏像だったが、菩提僧正の縄の使用法にも、その意図がよくあらわれており、奈良時代（八世紀）の仏教の現世的、国家的な性格が偲ばれる。それに対して、『霊異記』の説話に見える縄は、乙女が現世の福徳を願って手にした縄で、この使用法には、奈良時代の末（八世紀末）から平安初期（九世紀）にかけての、同じく現世的ではあるが、個人的な信仰生活が反映しているように思われる。

ところが、下って来迎像の五色の糸になると、これは平安時代後期から鎌倉時代（十世紀末―十四世紀）にかけての念仏信徒が、ただ一人で来世に生れる楽土を夢みながらすがったもので、浄土教という宗教の個人的な、しかも非現世的な性格が非常にはっきりとうかがわれる。頬焼阿弥陀縁起で、五色の糸を手にする念仏信徒の場面からは、

ひとすぢに　心がくれば　迎ふなる
蓮(はちす)の糸よ　おわり乱るな　（『千載集』）

という寂蓮法師の歌などが連想されるが、浄土教の芸術はこのような個人的来世的な信仰生活を母胎として多くの傑作を残したのである。

二

エルミタージュ美術館蔵阿弥陀三尊来迎図（図4）はゴビの砂漠の西北、雪深き南山山脈に源を発して北流するエチン・ゴルの下流のカラ・コト（カラホト）という所で発見された弥陀三尊の来迎図である。カラ・コトは十一世紀から十三世紀にかけて強大を誇ったタングート族の西夏帝国の首都で、一二二七年蒙古軍に亡ぼされてから、全くの死都となって永らく忘れられていたが、この図は一九〇九年にそこから発掘された十三世紀ごろの作品である。S字形の白雲に乗って飛来した弥陀三尊。弥陀の白毫から発する光明が虚空

に妖しい曲線を描くと、左隅下の松の木の下に端坐する僧侶の霊魂は童子となって舞い上り、観音、勢至のさし出す蓮台に救いとられようとしている。

この図と光明院本（図3）とを見較べて、アジアの西と東とに遠く離れて、こんな類似した画面が残っているのをいぶかしく思う人があるかもしれない。

図4　阿弥陀三尊来迎図（カラ・コト発見。エルミタージュ美術館）

しかしながら、その不審も、来迎図を生む母胎となった個人的、来世的な浄土信仰が、唐時代（七―九世紀）の中国に流行を極めたことを知る時、おのずから消滅するであろう。

死後の楽土にあこがれ、弥陀の来迎を待つ浄土教の個人的、来世的な考え方を、一番詳しく説いているのは『観無量寿経』という経典である。これは、唐時代の中国に特に盛んに行われた経典で、善導大師が、そのなかに説かれた西方浄土を、絵画化し礼拝することをすすめてから、浄土の図は長安の都をはじめ全中国の寺院を飾るようになり、中国貴族の邸宅でも、画幅または刺繡図として、無数に制作されることになった。そして、当時、世界第一の大国、東洋随一の先進国に浄土図の制作が流行するとそれはたちまち東西に波及し、東は奈良時代のわが国から、西は西域諸国にまで及んだのである。敦煌千仏洞の壁画には現在でも、初唐時代に描かれた浄土図や、その下辺に描かれた来迎の場面が残っているし、わが国でも当麻寺のつづれ織の浄土図が「中将姫の蓮糸曼荼羅」として知られている。しかしながら、奈良時代から平安初期にかけての現世的な信仰生活は、『観無量寿経』の来世的信仰を受け容れるにはまだ早く、来迎芸術の発展は、平安中期以降を待たねばならなかった。

ともに十三、四世紀に作られた光明院本（図3）とエルミタージュ美術館本（図4）とを比較する時、最も大きな相異点は、光明院本では弥陀三尊が左から右に進んで来るのに対し、エルミタージュ美術館本では右から左に進んで来て来迎の方向が逆になっているという点であろう。わが国の来迎図には、金戒光明寺本（図1）のように弥陀を正面から描くものもあるが、この図のような側面向きの図に限っていえば、大陸の来迎図は大体右から左への運動を示している。ところが、わが国では、――大陸の影響が顕著なもの以外は――ほとんど皆左から右へ飛来する形をとっている。これについて、いくつかの理由が考えられるがその主なものは、わが平安、鎌倉時代の「頭北面西（ずほくめんさい）」の「臨終行儀」だと思う。当時の念仏信者は臨終に当り、西方浄土に向って北枕西向きに横臥し、その枕辺に来迎像を飾り、五色の糸にすがって往生するのが普通の習慣になっていた。このことは、そのころの多くの書物に記されているが、光明院本のような来迎図が、もし、そういう場合に使用されたとすれば、画面の左は西、右は東に当り、弥陀三尊は文字通り西方浄土から現実の世界に来迎したことになるわけで、エルミタージュ美術館本の往生人が光明院本では省略されているのも、むしろ適当なように思われる。

つまり、わが国の構図法は、五色の糸とともに、これらの絵画が非常になまなましい信仰生活の所産だったことを示しており、中国から伝えられた『観無量寿経』の芸術が、この図の描かれたころには、わが信仰生活に深く根を下したことを語っている。

三

新知恩院蔵阿弥陀二十五菩薩来迎図（図5）は、やはり十三、四世紀に、わが国で作られた来迎図である。弥陀如来と二十五菩薩が右下隅の屋内に合掌する人物を迎えに来たところをあらわし、場面は光明院本よりずっと賑やかになっている。来迎図は、「儀軌」に拘束される密教画に較べると、それほど伝統を固執せず、比較的自由な変化に富んだ作例を残しているが、しかし、この図に描かれた菩薩の姿は、自由とはいえ余りにもドラマティックで、中には雲から落ちはせぬかと気になるものまで見受けられ、宗教画としては騒々しすぎるような感じがする。来迎の弥陀や菩薩は始めは坐像だったのが、後に立像になることは、大陸でもわが国でも共通の現象だが、立ち姿の菩薩でも、こんなに手を振り足をあげ体をくねらせたのは珍らしい。

絵画ならどんな姿でも描けるが、たんに絵画だけでなく表現の不自由な彫刻の場合にも、弥陀来迎像の脇侍には、四天王寺蔵阿弥陀三尊像のうちの脇侍像（図6）のように、わざわざ片足をあげた姿が作られているのである。念仏行者を静かに迎えるべき来迎像に、こういう姿が作られたのは、来迎を受ける人々の歓喜の気持を菩薩の姿態に感情移入させたのだと説明することもできよう。しかしそれだけではどうも説明不十分で、これは、わが国で流行した「迎講」という行事と密接な関係を持つのだと思われる。

図5　阿弥陀二十五菩薩来迎図（新知恩院）

「迎講」とは、平安中期に恵心僧都（九四二―一〇一七）が始めたとい

図6　阿弥陀三尊像のうち左脇侍像（四天王寺）

う宗教的なペイジェントで、浄土往生を願う念仏行者が、菩薩に扮して行った弥陀来迎の演劇的「行道（ぎょうどう）」のことである。平安、鎌倉時代の人々は、迎講を行うために、特別の建物を建てたり、特別の仮面や彫像を作ったり、特別の衣裳をととのえたりして浄土往生の法悦にひたったが、そのペイジェントの際に、菩薩の面をつけ美しい衣裳を着て、歓喜の余り身をよじった信者の姿勢。それがこのような像容のモティーフになったのだと思われる。

現在、この新知恩院本を、寺では「多田満仲公臨終の念持仏」と呼んでいる。「多田満仲」とは鎮守府将軍源経基の長男で、摂津多田に住んだ猛将で、彼については、『今昔物語』に次のような話が伝えられている。「満仲は生来殺生を好んだので、その子源賢は恵心僧都にたのんで父を信心深い人間にしようとした。恵心は満仲の心をためそうと思い、笛や笙などの巧みな人々を雇って菩薩の装束を着せ、聖衆に扮して、満仲の家の庭にある池の西の山かげから来迎のペイジェントを演じさせた。屋内でこれを弥陀の来迎と信じた満仲は、縁からころげ落ちて、涙を流して礼拝した」と。こういうことが恵心と満仲との間に本当にあったかどうかは別として、この話が十一、二世紀に行われた迎講に因縁することは間違いない。新知恩院本を「満仲公の念持仏」とする寺の伝えも、図中の人物が僧形でなく武家であり、菩薩の姿が余りにも人間味を帯びているところから生れたものと想像される。あるいはこの図は、もともと『今昔物語』の説話などから描かれたのかもしれない。（もっとも『今昔物語』によれば満仲はその時はもう入道していたはずだが。）いずれにしても、こんなドラマティックな画面は恵心の思想にもとづいて、「迎講」を演じた念仏信徒の生活感情によらなくては、正しく理解されない画面である。

以上、弥陀如来の五色の糸を手繰りながら、二、三の例によって「来迎図」と信仰生活との関連を略述したが、最後に、大陸から伝えられた『観無量寿経』の芸術が、わが国にこれほど深く根を下すようになった思想的背景ともいうべき恵心僧都の「観念念仏」について触れておこう。

恵心僧都は『往生要集』の中で、こう述べている。「人の世は無常なものだ、人生は果敢ないものだ、人間は生れ落ちた時から死ぬ時まで、苦しみつづけるようにできている。われわれが人生の苦悩を離脱するには、弥陀の迎えを受けて遥か西方にある極楽浄土に生れるより他に道はない。そして、その浄土に往生するためには、何よりもまず念仏をする

図7　平等院鳳凰堂

ことだ。念仏とは、心に弥陀を思い、口に仏の名号を唱え、目に弥陀の姿を眺め、耳に弥陀の声を聞き、手は合掌して弥陀を拝することである。昼も夜も、五感を通じて、弥陀の姿や浄土の有様や来迎の光景を幻想しつづけると、臨終の時が来て身心の恍惚とした瞬間に、日ごろの幻想がわが身を包み、われわれは永遠に弥陀の楽土に生きることができるのだ。仏像や仏画や音楽により、浄土の光景や弥陀来迎の情況をしのぶこと、それが念仏の大切な手段である。弥陀像を作れ、来迎の儀式をせよ、そして浄土に往生せよ」と。これによると、恵心の「念仏」とは極めて感覚的芸術的なものであって、耽美的生活に明け暮れる藤原貴族にはもってこいの教えである。

道長の造営した法成寺の阿弥陀堂が、「浄土はかくこそは」(『栄華物語』)と讃えられ、頼通の平等院鳳凰堂が「極楽いぶかしくば宇治のお寺をうやまえ」(『拾遺往生伝』)と謳われたのも、清少納言が「遠くて近きもの、極楽、船の道、男女のなか」(『枕草子』)と瓢逸な感想を洩らしたのも、すべて、明らかに、貴族社会が恵心の思想に共鳴して、現世(うつしよ)に浄土を築き、弥陀来迎を待ちこがれたしるしであった。平等院鳳凰堂（図7）は頼通の営んだ鳳凰堂の一部であり、金戒光明寺蔵地獄極楽図（図8）は同山越阿弥陀図（図1）と同時に作られた屛風絵で、図8は浄土を描いた部分だが、こういう画面には、平安、鎌倉時代の上流社会の極楽浄土へのあこがれがにじみ出ているように思われる。

図8　地獄極楽図（部分。金戒光明寺）

恵心の念仏が余りにも貴族的なので、法然は「来迎図を飾るのもよいが、口に弥陀の名号を唱えるだけでも浄土往生はできるのだ」と教え、親鸞は「われわれは生きながら往生できるのだから、来迎図などは不必要だ」とまで主張した。だから、『観無量寿経』の記述にもとづく来迎芸術がわが国にあれほど発展した思想的背景は、まず第一に恵心僧都の「観念念仏」の教えであり、それを受け容れた社会層は、主として、五色の糸にすがる感傷的な藤原貴族と鎌倉時代の上流社会だったといえるであろう。

来迎芸術論

わが国の浄土教美術のうち、その秀作を最も多く現在にとどめているものとしては、まず弥陀来迎図をその第一に数うべきであろう。わが国における来迎図制作の隆盛は、平安時代中期恵心僧都の『往生要集』による来迎信仰の鼓吹に因縁し、平安時代後期「迎講（むかえこう）」の流行に相関連するものであることは、既に一般に知られる所である。しかし従来発表された来迎芸術論のうち、恵心の思想の内容や、「迎講」という浄土教の行事と来迎図との関係を具体的に説いたものは、比較的少ないように思われる。ここに試みに一文を草し、恵心僧都の思想と「迎講」や来迎図の関係について考察し、大方先学の御叱正を仰ぐゆえんである。

（本稿において筆者は、まず従来比較的問題とされなかった「迎講」そのものを紹介し、ついで「迎講」と恵心の思想との関連を説き、さらに来迎図にまで論及してみようと思う。）

一

迎講とは弥陀来迎を悲願する僧侶や信徒が、弥陀三尊及び聖衆の来迎のありさまを、寺院や個人の邸宅などを舞台として演出し、浄土往生の助業とする一種の宗教的演劇であって、古く平安時代から行われ、現在でも奈良県＝当麻寺・金剛山寺・久米寺、大阪市＝大念仏寺、京都市＝泉涌寺、神戸市＝藤之寺、兵庫県＝浄土寺、東京都＝浄真寺などにその名残をとどめている儀式である(1)。これらの諸寺に行われる迎講はいずれもみな似た形式のものではあるが、なかでも当麻寺のものが最もよく古い形式を伝えているように思われるから――平安時代の迎講を具体的に理解するために――まず当麻寺に現在行われる迎講の大要を紹介し、続いてその起源にまで溯ってみようと思う。

当麻寺の迎講は「練供養(ねりくよう)」(または踟供養(ねり))と呼ばれ、毎年五月十四日に中将姫の往生の光景にかたどって行われ、多くの善男善女を集めている。当日迎講の演ぜられる舞台は、当麻曼荼羅(文亀本)を安置する本堂(曼荼羅堂)とその東方三、四十間を距てた所にある娑婆堂と称する小堂宇と、本堂から娑婆堂に臨時に架けられる橋であって(図9・10)、来迎劇を演ずるのは、現在本堂に安置される中将法如像と弥陀如来立像、および護念院に保存される観音菩薩坐像の三体の彫像と、当麻寺の住僧達と檀家中より撰ばれた有志の

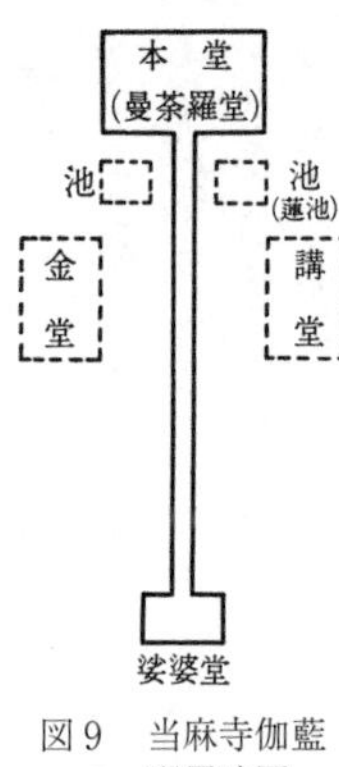

図9　当麻寺伽藍配置略図

人々二十五名である。

迎講の次第を略記すると、まず第一の鐘の音を合図として中将法如像を乗せた輿が本堂から橋を渡って娑婆堂へ下り、第二鐘で僧侶達の一部が本堂に上り、文亀曼荼羅に法楽を捧げて一定の席に着き、第三鐘でほかの僧侶達が本堂から娑婆堂に移って中将法如像の後方に用意された坐席について、迎講の準備が全く整う。続いて第四鐘を合図として来迎の聖衆の面（護念院所蔵）を着け美々しく装った檀家の有志達(2)が本堂から橋を渡って娑婆堂へ向い、その聖衆の後から観音菩薩が蓮台を捧げ、勢至菩薩は合掌し、普賢菩薩は天蓋を持って「お練（ねり）」と称する演劇的所作を行いながら、娑婆堂の中将法如の所へと来迎する。そこで勢至菩薩は娑婆堂の僧侶共の唱える来迎和讃につれて、中将法如像の背後にあらかじめ用意されている一小像（中将法如往生の姿を示す観音の小像）をとって、観音菩薩の差出す蓮台の上に安んずると、観音菩薩はその小像を捧げ、みずから先頭となって「お練」を行いながら本堂に帰る。この時本堂内陣の弥陀如来立像は外陣の橋のたもとまであらわれて、往生した中将法如（観音像）を迎え（現在は弥陀像を外陣まで動かすことは中止されたが）、かくて中将法如往生の儀はめでたく終了するのである。

観経変相図を安んずる曼荼羅堂を浄土にたとえ、六道を象徴する娑婆堂まで長い一条の橋を架け、中将法如を巡って演ぜられるこの当麻寺の来迎劇に接する者のうち、浄土教の芸術に関心を持つ人々は、誰しもみな、二河白道図に表現された浄土教の世界観を連想し、[3]弥陀来迎図に盛られたあの浄土往生の法悦を想い起して、社寺の行道隆盛を極めた遠い平安時代の昔を偲ばれることであろう。

（1）当麻寺以外の寺院で現在行われる迎講を紹介したものとしては、永田衡吉「大阪大念仏寺の来迎会」（『民族芸術』一―五）、北野博美「奥沢九品仏の来迎会に詣でゝ」（『民族芸術』一―一）、同「奥沢村九品仏の来迎会」（『民族芸術』三―九）などがある。〈編集部註　神戸市藤之寺・兵庫県浄土寺では、現在迎講は行われていない。〉

（2）大阪大念仏寺の迎講では来迎の聖衆に扮する人は、俗人でなく、末寺の僧侶達の間に「菩薩方」という演者が定められている。

（3）現に浄真寺では上品堂（当麻寺の曼荼羅堂に相当する）と釈迦堂（娑婆堂にあたる）との間に橋を渡すと同時に白い綱を張って「白道」と呼んでいる。

二

当麻寺中之坊には江戸時代の伽藍配置図数点を伝えているが[1]（図10）、それらの伽藍図にはどれにも現在の娑婆堂が記されていない。しかしこれらの絵図によれば現在娑婆堂のある位置（図10×印）に極めて近く、南方に聖衆院、北方に来迎院・引接院・紫雲庵と称する僧房の存在したことがわかり、今は枯木になっている松の木も「来迎の松」と明らかに記入されているので、江戸時代には娑婆堂は現在と同じ位置に（迎講のたびごとに臨時に）設けられたと考えるのが自然である。またこれら伽藍図に見える僧房や樹木の名称から推して、迎講が当寺におけるいかに重要な行事であったかは想像に難くない。

この当麻寺の練供養は、文化、文政の頃、狂歌をもってその名を謳われた石川雅望には、

練くやう楽屋はもとの凡夫にて
志ま黄金もくろがねの色
（『六樹園家集』夏の部）

と皮肉られてはいるが、寛永六年（一六二九）頃に完成した熨斗家本『当麻寺縁起』の第二巻の末段には、春日絵所竹坊正秀という一画人に依って、華麗な宗教的場面としてみごとに描き出されており、江戸時代の初めにこの迎講が善男善女の信仰を集めていたことを推察することができる。しかしこの熨斗家本『当麻寺縁起』は、滝博士が紹介された際に[2]

指摘されたように、享禄四年（一五三一）の奥書のある土佐光茂筆『当麻寺縁起』（当麻寺所蔵）を原本として、全巻にわたり大体の図様を踏襲しているのであって、迎講の場面でも、それを拝みに集まる人々の風俗姿態のあたりにわずかに新工風の跡をとどめる以外はほとんど全く光茂本に拠っている。

従って今ここに光茂本によって室町時代の迎講を眺めるとその段には、来迎の聖衆に扮した二十五人の人々が楽を奏で舞を舞い、画面左端の曼荼羅堂から仮に営まれた娑婆堂（右端）へと中将法如を迎えに来る場面を描き、二十五の菩薩のうち、娑婆堂に近づいた勢至は坐して法如をたたえて合掌し、観音は片膝をついて蓮台を差出し、普賢はその後方から天蓋を捧げている。曼荼羅堂の外陣には阿弥陀如来の立像が現われ(3)、堂内には奏楽する僧侶共が見受けられるが、娑婆堂の中将法如

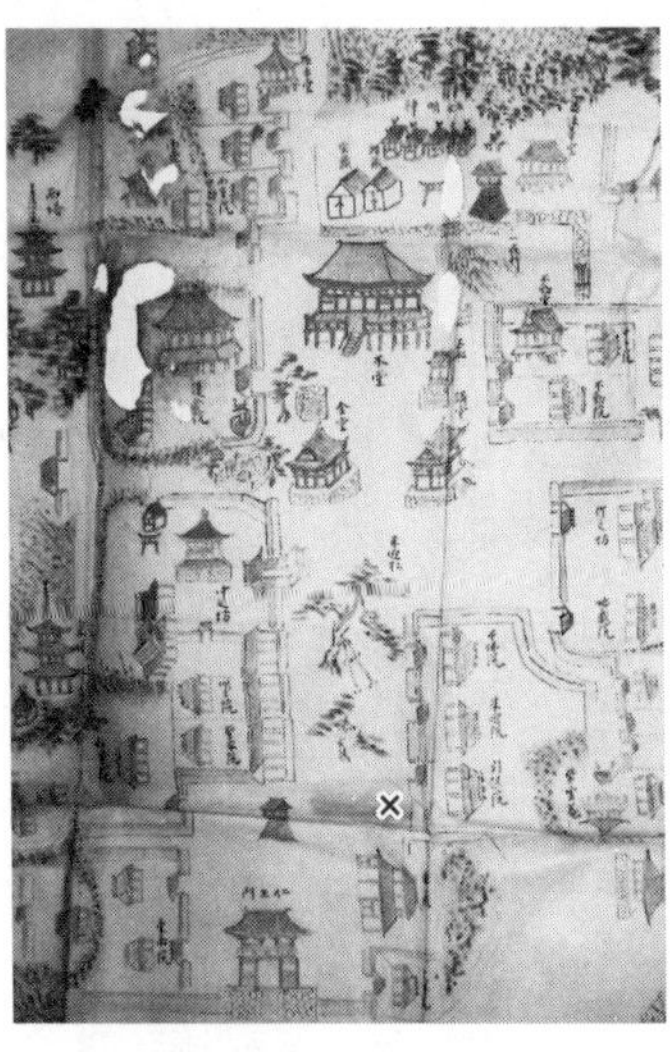

図10　当麻寺伽藍図（部分。×印は娑婆堂の位置を示す。當麻寺中之坊）

像の後方に坐る僧侶や比丘尼はおそらく来迎和讃を唱えているのであろう。(4)

この一画面と現在の迎講の次第とを比較すると、来迎の聖衆が曼荼羅堂から娑婆堂に渡るための橋こそ描かれてはいないが、そのほかの形式は現在と大差ないように思われる。(5)このようにして当麻寺の迎講は明らかに室町時代から行われていたことが理解できる。

(1) 当麻寺の伽藍図の中に、

当麻寺一山惣絵図、但シ寛政年中南都御番所ヨリ許シ下レ候、一山立合ノ上絵図仕立差上候写シ、依テ大切ニ可レ至事

と記入したものがあるが、ここに掲げる一図はその図よりさらに古い頃の寺の様子を示しているようである。この図はたんに地図としてだけでなく、絵画的にも面白いところがあり、水墨を主として淡彩を施している。

(2) 滝精一「熨斗家本当麻寺縁起画巻に就て」(『国華』五八〇)

(3) この図にあらわれる阿弥陀の像はおそらくは、現在本堂に安置され最近まで迎講の際来迎仏として用いられていた弥陀像を写したものであろう。

(4) この絵巻(縦三四センチ)は構図、描法共になかなか優れており、狩野永納が、

余所レ見和州当麻寺中将姫縁起、風情有レ余、能世二其規矩一(『本朝画史』巻二)

と評して、この縁起を光茂の代表作に推したのもさこそとうなずかれるものがある。

（5）当麻寺ではさらに光茂本の原本となるべき縁起絵巻があったと伝えており、『中ノ坊文書』には、その原縁起について、

是ノ原縁起何レニ存在スルヤ不聞、最モ古老ノ記録モナシ、（中略）元ノ縁起ハ良賀玄慶ノ筆ニシテ天下有名ノ筆跡ト云

と記しているが、良賀・玄慶の筆と伝えるのは縁起ではなく、当麻曼荼羅の模写であったことが『本朝画史』によって判る。すなわち同書良賀の条に、

以二画工一叙二法眼位一、曾土御門院承元二年、和州当麻寺僧鐘忍坊、良喜坊、慧阿弥等、合レ心欲レ図二新曼荼羅一、憑二按察使藤原光親一奏レ之、有二勅許一、詔二絵師良賀源慶一令レ写レ之、今所レ在二当麻寺一之新曼荼羅是也

と見え、なお光茂本の奥書にも、「此縁起者本願宗胤法師勧発之処」であり、「絵所預光茂予テ称レ有ト二霊夢一」て描いたものである旨を記しているから、おそらくは光茂本の原本は存在せず、この絵巻の構図なども多分彼の考案に係るものと思われる。

しかしながら迎講が光茂在世以前から行われていたことは、この図の詞書（次節に説く）によっても明らかで、光明寺本『当麻曼荼羅縁起絵巻』が中将姫の曼荼羅織成の次第を描くを目的としながら、いつしかその末段に非常に広々と聖衆来迎の場面を写していることなどを思い合わせると、迎講は鎌倉時代からずっと当麻寺で行われていたのではないかと想像されるが今はしばらく後考にまつこととする。

三

右に述べた光茂本『当麻寺縁起』の迎講の場面の詞書には、迎講は恵心の先徳が叡山で行い始めた旨を記し、「当寺の法会は横川花台院よりうつす所なり」と述べ「万機際度の信心」をすすめんがために、その光景をことさらにこの縁起三巻の最末段に図絵した由を説いている。室町時代に制作された来迎図がほとんどすべて「恵心僧都御筆」と伝えられていることを思い合わせれば、この迎講がはたして恵心の先徳の行い始めたものかどうか、もちろん遽かには信じ得ないが、この点についてはいずれ後述することとして、さしあたり『円光大師行状画翼讃』（巻四十六）に、

迎講ハ今時当麻ノ練供養ト云、即此ノ講ノ儀式ナリ、恵心ノ僧都横川ノ花台院ニテ始行ヒ給シヲ、寛印供奉其跡ヲ恋ヒテ、丹後ノ国天橋立ニ移シ行ハル、（中略）具ニハ沙石集、壒嚢抄及ビ述懐鈔ナドニ見エタリ

と述べて、当麻寺の迎講が丹後の国の迎講と因縁ありそうに語っているのは、注目すべき点である。試みに弘安六年（一二八三）に成立した『沙石集』に無住の語る丹後国普甲寺の一上人の説話を読むと、普甲寺の上人は日頃から極楽往生の悲願激しく、聖衆来迎の儀を切望していたが、たまたま丹後の国に赴任して来た一国守が、上人の噂を聞いて、何事

にても結縁しようと申出て上人の所望により迎講を行ったということが述べられているが、その説話の中で上人が国守に、

迎講トナヅケテ、聖衆ノ来迎ノ荘ヲシテ、ココロヲモナグサメ、臨終ノナラシニモセバヤト思事侍、ト申ケレバ、仏菩薩ノ装束、上人ノ所望ニ随テ調テ送ケル、サテ聖衆来迎ノ儀式年久クナラシテ、思ノ如ク臨終モ、誠ニ聖衆ノ来迎ニ預テ、目出タク往生ノ本意ヲトゲテケリ、是ヲ迎講ノハジメトモイヘリ、又恵心ノ僧都ノ脇息ノ上ニテ、箸ヲオリテ仏ノ来迎トテ引ヨセ引ヨセシテ、案ジ始メ給ヘリト云説モ侍リ(1)

と説いてあり、比較的簡単な叙述ではあるが、この文中に見える仏や菩薩の装束を着けて行われたという普甲寺の迎講が、現在の当麻寺の迎講にちかい形式のものであったことは、想像されるところである。

しかも『沙石集』のこの説話は『今昔物語』巻十五の「始二丹後国迎講一聖人往生語」を原拠としているのであって、『今昔物語』にはその丹後国の迎講がかなり具体的に語られているが、そのありさまはさながら光茂本『当麻寺縁起』の最末段を髣髴させるものがある。すなわち、同書に、

而る間其の国の守として大江清定と云ふ人、此の聖人を貴びて帰依する程に、聖人守の国に有る間館に行て守に値ひて云く、此の国に迎講と云ふ事をなむ始めむと思給う

るを、己が力一つにては難レ叶くなむ侍る、然れば此の事力を令レ加給なむやと、守、いと安き事也と云て、国の可レ然き者共を催して、京より舞人楽人なむど呼び下して(2)心に入れて令レ行めければ、聖人極て喜て、此の迎講の時に、我れ極楽の迎を得るぞと思はむに命終らばやと、守に云ひければ、守必ずしもやと思て有けるに、既に迎講の日に成て、儀式共微妙にして事始まるに、聖人は香爐に火を焼て(3)娑婆に居たり(4)、仏は漸く寄り来り給ふに、観音は紫金の台を捧げ、勢至は蓋を差、楽天の菩薩は一雞婁を前として微妙の音楽を唱へて仏に随て来る(5)、其間聖人涙を流して念じ入りたりと見ゆる程に、観音紫金台を差寄せ給たるに、聖人不レ動ねば、貴しと思ひ入りたるなめりと見る程に、聖人気絶えて失せにけり、音楽の音に交れて聖人絶入りたりと云事をも不レ知ざりけり、仏既に返り給ひなむと為に、聖人云事もや有ると時替まで待つに物も不レ云ず不レ動ねば、恠びて弟子寄て引き動かすに痙みたりければ、其時にぞ人知て、皆聖人往生しにけりと云て、見喤り泣き貴びける

とあるを見れば、これこそまさに当麻寺迎講の原型と考える事ができると思う。『今昔物語』の成立年代については、未だ確説あるを聞かないが承保四年（一〇七七）に薨ぜし宇治大納言隆国の作と伝えられているから、この説話によって少なくとも藤原時代に、この種の来迎劇が浄土教信者の間に演ぜられたことは明らかであって、当麻寺練供養の形式は

既に平安時代に成立していたものであることを確認されると思われる。

藤原時代が社寺の供養や行道の隆盛を極めた時代であり、当時の公家達があたかも劇場に臨むような気分でこれらの仏会に集うていたことを想えば、[6] 浄土教の寺院を中心に、丹後の国の迎講に類する種々の来迎劇[7]が盛んに演ぜられる気運を生じたのも、至極当然の運命とうなずかれ、藤原時代から鎌倉時代にかけて流行した迎講が、[8] 浄土教の芸術を総合する宗教演劇として、わが芸術史の上に果した役割の小さくないこともまた推察されるところである。[9]

（以上述べたところによって迎講とはいかなることを行うものか、その大体の内容は明らかになったと思うから、以下迎講と建築や彫刻との関連を略述して、さらにこの来迎劇流行の背景となる恵心僧都の思想や迎講と来迎図との関係などについて考察を進めることとしよう。）

（1）『古事談』第三に、

迎講ハ恵心僧都始給事也、三寸ノ小仏ヲ脇息ノ上ニ立テ脇息ノ足ニ緒ヲ付テ、引寄引寄シテ涕泣シ給ケリ、寛印供奉ソレヲ見テ知発シテ丹後迎講ヲバ始行フト云

などとあるのを指すのであろう。

（2）この記事によって、京都には行道を職とする舞人や楽人のいたことが想像され、都にお

いてこの種の仏教行事の流行したことが推察される。

（3）光茂本『当麻寺縁起』でも、中将法如像の前には香炉に火を焚いているところが描かれているが、また平安時代にも、この風習が一般に行われていたことは種々の文献の語るところである。

（4）ここに「娑婆に居たり」というのは、おそらく本堂（阿弥陀堂――極楽浄土にたとえる）に対する娑婆の意と思われるが、光茂本に見えるような娑婆堂を営んだかどうかは明らかでない。しかし、鎌倉初期に、東大寺の末寺渡辺浄土堂に迎講が行われたが、その時来迎堂と娑婆屋とが営まれていることを思うと（『南無阿弥陀仏作善集』これについては後述する）、あるいはやはり娑婆堂が設けられたかとも考えられる。

（5）光茂本にも雞妻を持つ童子の姿が見受けられる。

（6）例えば『栄華物語』の筆者は無量寿院供養の日に参列した僧侶の群を「いみじき見物なり」と評している。

（7）当麻寺の練供養や丹後国迎講は迎講の典型的形式と思われるが、必ずしもこれが唯一の形式ではなく、もっと原始的な劇的要素の少ない迎講も行われ、またさらに遊戯的傾向の激しい迎講も演ぜられていた。原始的な迎講については、後述するが、複雑なものの例としては『鎌倉北条九代記』に、三浦義村が十余艘の船を泛べて、海上に弥陀来迎の儀を演出した事を記している（同書第六「三浦義村経営弥陀来迎粧」の条）。

（8）藤原時代から鎌倉時代にかけて、種々の迎講が各地に流行したことは多くの文献に徴し

て明らかである。そのいくつかの例を列挙すれば、

寛仁三年（一〇一九）頃　六波羅蜜寺・雲林院の迎講　『栄華物語』第十五

天永元年（一一一〇）頃　中山吉田寺の迎講　『後拾遺往生伝』

久安三年（一一四七）九月　大阪四天王寺の迎講　『天王寺旧記』

建久九年（一一九八）頃　渡辺浄土堂の迎講　東大寺所蔵鉦鼓の刻銘

正治二年（一二〇〇）　東大寺播磨別所の迎講　『南無阿弥陀仏作善集』

建保元年（一二一三）　京都清水寺の迎講　『百錬抄』第十二

安貞三年（一二二九）二月　三崎海上の迎講　『吾妻鏡』

貞和二年（一三四六）十月　大原の迎講　『慕帰絵詞』

（9）　この点については後にさらに具体的に考察する。

四

以上三節にわたって、筆者は、当麻寺で現在行われている迎講を紹介し、当麻寺の縁起絵巻や伽藍図その他種々の文献などによって、その迎講が平安時代に丹後国に行われた迎講の形式を大体そのままに伝えていることを立証した。しかるにかかる形式の迎講はたんに丹後国に行われたばかりでなく、当時は各地の寺院に流行していたようである。例えば、

鎌倉初期の東大寺の再興事業で有名な俊乗房重源が、東大寺の渡辺別所で行った迎講などは、それとほとんど同じ形式のものと思われる。重源は、みずから南無阿弥陀仏と号して浄土宗の開祖法然上人とも親しく、各地に浄土教的建築を営んだが、彼の作善の事跡を記した『南無阿弥陀仏作善集』の東大寺渡辺別所の条に次のごとき記事がある。

渡辺別所

一間四面浄土堂一宇、奉レ安二皆金色丈六阿弥陀像一、幷観音勢至一

来迎堂一宇、奉レ安二皆金色来迎弥陀来迎像一、長八尺一

娑婆屋一宇（中略）

天童装束卅具、菩薩装束廿八具、楽器等

印仏一面一千余躰、奉レ始二迎講一之後六年、成ル二建仁二年ニ六年ニ一

この記事によって、重源が建久八年（一一九七）に渡辺に一間四面の浄土堂を営み、それと同時に迎講を行うために、特に来迎弥陀像を彫（きざ）んで来迎堂を建築し、娑婆屋をも設けたことが知られ、迎講に使用する天童や菩薩の装束五十八具、その他楽器類までも作らせたことがわかるのである。すなわち、右の記事は、鎌倉初期に東大寺の渡辺別所で金色の弥陀像を安置する来迎堂と娑婆屋との間に、天童や菩薩の装束を着けた人々によって、新調の楽器を手にして微妙な音楽を奏でて荘麗な来迎劇が演ぜられたことを語っている。(1) 迎

講という浄土教の演劇が建築・彫刻・工芸などといかに深い関係を持ったかはこの一事によって明瞭であろう。(2)

平安時代末葉天永元年（一一一〇）頃にも、当時の大徳永観が、中山吉田寺に往生講（迎講）を修めているが、これもおそらくは渡辺別所や丹後国の迎講と相似た形式のものであったと思われる。(3) その往生講について、永観の歿後僅か十二年にして三善為康が撰したという『拾遺往生伝』巻下(4)の永観の条は次のように語っている。

於㆓中山吉田寺㆒修㆓迎接之講㆒、其菩薩装束廿具、裁㆓羅縠錦綺㆒、施㆓丹青朱紫㆒是乃四方（本伝云木工助敦隆作也）馳求、（中略）令㆑修㆓往生講㆒至㆓于念仏往生之段㆒、(5) 講衆等異口同音唱㆓来迎讃㆒、法師語㆓傍人㆒曰、香気芳馥、人々聞㆑之哉、皆答曰、更无㆑所㆑聞云々

これによれば永観は迎講のために菩薩の装束二十具を作り、その装束に用いる布を四方から馳せ求め、それを丹・青・朱・紫の華麗な色に彩ったことが知られるが、その美しい装束を着けた来迎の聖衆達が静かに永観に近づいて、講衆が異口同音に来迎和讃を唱えた時の光景は、素晴しい法悦に盈ちたものであったに違いない。ほのかに明るい堂宇の裡に、来迎の弥陀如来が衆生済度の慈悲の手を差しのべて金色にきらめけば、色美しい装束の聖衆達は楽を奏でて練り来り、異香馨じ、散華飛び、来迎和讃の歌声も高く、念仏行者永観は、忘我の法悦におののきながらひたすらに浄土往生を悲願する。浄土三部経などにいみ

図11　迎講に用いられる弥陀彫像の一例　浄土寺

じくも説かれたあの弥陀来迎の幻想は、ここに音楽・建築・彫刻・工芸の類を駆使し、演者・観衆一体となって、そのままこの世に演じ出されているのである。「迎講」という浄土教の行事は、実にわが国来迎芸術の一典型であるばかりでなく、仏教演劇の精華として、日本演劇史の特殊なる数ページを飾るものといわねばなるまい。

藤原時代の昔、浄土往生を悲願する人々がその繊細な純情で演じ出した来迎劇の光景を偲ぶ時、われわれにとってただちに連想されるのは、彩色麗わしい菩薩の群や、切金眩ゆい弥陀の姿を写すあの来迎図の一群に他ならない。藤原時代にこのように華麗な来迎劇が演ぜられ、それと時を同じくして来迎図が盛んに制作されていたからには、来迎図はこの宗教演劇と必ず浅からぬ関係を持っていた筈である。従って筆者は以下に迎講と来迎図との関係を考察しようとするのだが[6]、その前になおしばらく、迎講について筆を留めて、この宗教行事と恵心僧都との関係を述べ、迎講や来迎図の流行する原因となった彼の浄土教思想をも概観しておこうと思う。

（1）建仁元年（一二〇一）にはこの迎講に上皇の御幸のあった事を『百錬抄』が伝えている。
九月廿一日、於₌渡辺₋東大寺上人（重源）行道講、上皇有₌御幸₋

（2）現に東大寺に伝える一鉦鼓には、その口縁に、
東大寺渡辺浄土堂迎講鉦鼓五之内、建久九年二月二日、大和尚南無阿弥陀仏

という鐫銘があって、それが渡辺別所の迎講で聖衆に扮する一人が胸に懸けて用いたものであることは明瞭である。その他迎講に使用された遺品としては当麻寺に室町時代の弥陀立像と菩薩面がある事は前述した通りだが、兵庫県浄土寺には鎌倉時代の弥陀立像や室町時代の菩薩面が伝えられている。なかでも、浄土寺の弥陀像は上半身裸形（図11）の珍らしい立像で、これは迎講の際に聖衆に扮する人々が、菩薩の面をつけ装束を着た時に、その人々の姿とこの彫像とを調和させるために、衣を纏わせようと意図して、ことさらに裸形に作られたものと思われる。これらの遺品によっても迎講と彫刻や工芸との関係はまことに密接なものがあったことが知られよう。そして、これらの作品以外にも現存する藤原時代以降の弥陀立像（特にいわゆる施無畏形の印を結ぶ弥陀の立像）中には、迎講の際の本尊として制作されたものが少なくないのではあるまいか。

（3）迎講は「行道講」（註（1）参照）「来迎之儀」（『吾妻鏡』）「踟供養」（第一節参照）などとも呼ばれているが、ここに見える「往生講」（迎接之講）というのも迎講とほとんど相似た宗教的儀式で、詳しくいえば、迎講のいくぶん複雑な形式のものであったと思われる。すなわち、永観には往生講について述べた『往生講式』という著作があるが、それには「迎₌

毎月十五日一、修二一座七門講一」と説き、七門講を、

今此講演、略有二七門一、一発菩提心門、二懺悔業障門、三随喜善根門、四念仏往生門、五讃歎極楽門、六因円果満門、七廻向功徳門

として、そしてそれらの各門について記している。その頌句から推すと、上来述べ来った迎講は、この往生講の中の劇的要素の多い部分（すなわち第四念仏往生門など）を指すもののようである。

（4）永観は天永二年（一一一一）十一月に七十九歳をもって歿しており、『拾遺往生伝』は保安四年（一一二三）に撰せられたとされている。

（5）ここにいう「念仏往生之段」とは、すなわち永観の『往生講式』にいう「四、念仏往生門」（註(3)参照）を指すのである。

（6）第七節以下に考察する。

五

前にも述べた通り、迎講は恵心の先徳が叡山で行い始めたという説は、鎌倉時代以後の文献にしばしば見受けられるが、それらの記事によって直ちに迎講の創始者を恵心と断ずるのは、彼の在世した時代とそれらの書物の成立した年代が余りに距っているために、多

少不安なように思われる。しかし、恵心が歿してから二十数年を経た長久年間（一〇四〇―一〇四四）に、恵心のいた叡山楞厳院の沙門鎮源が撰したという『本朝法華験記』の下巻第八十三、楞厳院源信（恵心）僧都の条に、

構二弥陀迎接之相一、顕二極楽荘厳之儀一

と記しており、そこに「世云迎講」と註記されていることは、迎講の起源を探る場合に注目すべき点であろう。さらに、恵心の歿後僅か十数年の長元年間（一〇二八―一〇三七）に成った『栄華物語』巻十五(1)は、

六波羅蜜寺雲林院の菩提講などの折節の迎講などにも思し急がせ給ふ

と説いているが、その菩提講とは、恵心が同志の人々二十五人(2)と結縁して始めた念仏講のことであると推定されている(3)のもまた、恵心と迎講とを結びつける上には見逃し得ない問題である。

これらの点を一層明瞭にするために、永延二年（九八八）に恵心が自ら撰したという『二十五三昧起請』によって、彼の結縁した念仏講の内容を窺うと、彼は厭離穢土・欣求浄土の菩提心を起した人々と一種の講（すなわち菩提講）を組織して、毎月十五日の夜、一夜不断の念仏を修め、弥陀の来迎を祈ることを約している。そして、万一同志の者が重病にかかった時には、弥陀像を安置する往生院に病者を運んで、講衆は病者の極楽往生を

祈願しようと誓っているが、その起請の中には、以上に述べた迎講を連想させるものがある。

すなわち、彼は「可下以二毎月十五日夜一修中不断念仏上事」の条に、

三五夜亦念二無量寿一之夜也、其日此夜、念仏読経、可レ謂二往生極楽之業一、（中略）大衆五体投レ地礼二拝弥陀如来一、又可レ致二命終決定往生極楽之礼拝一

と述べ、「可下建二立房舎一宇一号二往生院一移中置病者上事」の条には、

結衆合レ力建二立一宇草菴一安二置弥陀如来一、将レ為二一結終焉之処一、（中略）皆（講衆）移二此院一共養二彼人（病者）一、又如二論云一仏像向二西方一、病人亦従レ後、仏像右手中繫二五色之幡一、授二病者左手一、将令レ執二幡脚一、当レ令レ成二従レ仏往生之思一、凡焼レ香散レ華荘二厳病者一

と説いており、これらの記載から考えると、恵心の起請した念仏講で、講衆が浄土往生を切願する余り、弥陀来迎のありさまを演出したのではあるまいかということは極めて自然に想像できる。従って、『本朝法華験記』の「弥陀迎接之相を構へて極楽荘厳の儀を顕はす」という記事は、この恵心の菩提講で行われた「命終決定往生極楽之礼拝」や草庵内の臨終の儀式を指すと推察され、『栄華物語』が「菩提講などの折節の迎講」として都人の目に親しまれたと語る迎講は、恵心の始めたこの講に淵源すると見られよう。中山吉田寺

で往生講（迎講）を行った永観が、その著『往生講式』にその講を毎月十五日に修むべき事を説き、まず第一に菩提心を発することをすすめたのも[4]、恵心の念仏講（菩提講）に因縁すると思われるし、大法師頼暹が毎月十五日に迎講（往生講）を行ったり[5]、寛印が毎年三月十五日に迎講を修めたのも[6]、おそらくは皆、恵心の念仏講に倣ったものと考えられる。

このように、迎講は恵心の結縁した念仏講から発展したと見られるが、それだけで、迎講の創始者を恵心僧都と決するには未だ不充分なところがある。恵心の念仏講は何に基いて結縁されたか、恵心以前からも迎講らしいものが行われてはいなかったか、という点も、一応考えてみる必要があろう。この点については『栄華物語』巻十五に、

八月山の念仏は慈覚大師の始め行ひ給へるなり、中の秋の風涼しく月明かなる程なりという通り、恵心が念仏講を毎月十五日の夜を期して修めたのは、叡山常行堂の念仏三昧に因縁することは確かである。平安時代初期に慈覚大師円仁が叡山に始めて常行堂を営んで、唐の五台山の念仏を移して四種三昧を修めたことは、既に一般に知られており、恵心の念仏講もその常行堂の修業の影響を多分に受けているらしい。しかし、台密で来迎思想を鼓吹して、激しくそれを信じたのは、わが国では恵心がほとんどその嚆矢であって、彼以前に常行堂の念仏で早くから迎講に類する行事が演ぜられたと考えるのは、どうも不可能なようである[7]。従って迎講の創始者はやはり恵心と推定され、この迎講という来迎劇は

彼が常行堂の念仏を一層浄土教化して行く間に、次第に成立したものと思われる。かくて、ここに至って始めて、後世の『円光大師行状画図翼讃』(8)などに見える通説が必ずしも虚構の言ではなかったと了解される事となる。

（1）『栄華物語』の成立年代については、上編は後一条天皇の末年（一〇三六）、下編は堀河天皇の寛治六年（一〇九二）から嘉承元年（一一〇六）までの間であろうというのが通説だが、第十五「うたがひの巻」はその上編に属する。ちなみに恵心が歿したのは寛仁元年（一〇一七）六月十日である。

（2）恵心の作と伝える『二十五三昧式』に、「楞厳院二十五三昧根本結衆二十五人連署発願文云々」とある。

（3）望月信亨編『仏教大辞典』の「菩提講」「二十五三昧」の項など参照

（4）第四節註(3)参照

（5）『拾遺往生伝』巻下、大法師頼暹の条に、

大法師頼暹者、西府安楽寺之学頭也、本住二世間一、亦好二管絃一、爰作二楽曲一、其詞云、帰命頂礼弥陀尊、引接必垂給培、以二此曲一、毎月十五日、招二伶人五六一、勤二修於講演一、号曰二往生講一矣、専営二此事一、漸及二多年一、已臨二死期一、垂レ涙云、天無二音楽一、室無二薫香一、往生之願、本意相違、如レ是挙レ声再三嗟嘆、忽来レ抱二三尺阿弥陀仏一、乍レ居人滅、此時

一室之中、衆香発越、非レ雲非レ烟、乍レ陰乍レ晴、于レ時延久年中、大弐良基卿之任中也

とあるのがそれである。なお同書巻下、奴袴君の条には、

詣二菩提講一、堂前有二三本蓮一、其中一本、此僧端坐矣

と見えるが、この記事によって菩提講には、あるいは（阿弥陀）堂宇の前に蓮華坐を設け、その上に僧侶が坐して念仏するという（迎講に似た）風習があったかと想像される。

（6）『壒嚢鈔』巻二十に、

慧心の先徳願求浄土の志懇なる余り、聖衆の来迎を心元なきことに思ひ給ひ、迎講の儀式を華台院にて執り行はれける、（中略）此寛印供奉は、（中略）親り聖衆の来迎の儀を随喜して、丹後の国府の天橋立に移して、三月十五日毎年之を行はれけるなり

とある。ちなみに、現在各地に行われる迎講は毎月十五日に行われるとは限らず、多くは、その寺の開山の命日を期して修められている。

（7）例えば、「迎講」「往生講」「行道講」「菩提講」などの語の見えるのは恵心以後の往生伝の類であって、『日本往生極楽記』や、さらに古くは『霊異記』などにはこれらの語を見出す事はできない。（しかし『日本往生極楽記』の延暦寺座主僧正増命や、同延昌、法広寺住僧平珍などの条の記事は迎講のごとき仏教行事が成立せんとするきざしが、既に恵心以前からあったことを示している。）

（8）本節に記した推定にはなお考慮すべき余地もあるが、次節の記述および第十節以下の山越形式の来迎図などに関する推論によって、一層その確実さを増すであろう。

六

「迎講」という浄土教の行事がわが国の平安時代からの仏教演劇の一精華であって、しかもそれが、恵心僧都の結縁した念仏講に淵源すると推定すれば、つぎにはこの迎講が恵心の思想とどのような関係を持つかが当然問題になってくる。彼の思想の上からみて、迎講は果してどのような意義を持っているのであろう。恵心は何ゆえにことさら「弥陀迎接の相を構へ極楽荘厳の儀を顕はし」て、命終決定往生の礼拝や臨終の儀式を修めたのであろうか。この疑問を解決することが、いきおい迎講と来迎図との関係を探る鍵となり、来迎図に対して一解釈を試みる出発点ともなると思うから、本節では――論旨が幾分煩瑣になる嫌はあるが――恵心が寛和元年（九八五）に著わした名著『往生要集』を繙いて(1)、彼の思想を概観し、彼の来迎信仰鼓吹と観念念仏の主張について略述してみることとしよう。

恵心僧都は『往生要集』上巻に、まず、われわれの輪廻転生する六道の世界はすべて穢れた果敢ない世界であると述べ、その六道に対して西方には永遠の楽土として麗わしい弥陀の浄土があるのだと説いている。彼の記述は極めて具体的感覚的で、その六道世界のおぞましいありさまは藤原貴族の繊細な神経をかき乱して、この世に対する嫌悪の想いを起させたに違いなく、また六道に対する西方浄土の優美な光景は公家達の耽美的な心情を把えてやまぬものがあったと思われる。恵心は浄土の美しく楽しいことは到底筆紙に尽せないから、僅かにその一端を記して他は読者の想像に任そうと述べ、浄土を欣求する者が受ける十個の「楽」を挙げている。その楽しみの第一に恵心の挙げるのが、すなわち「聖衆来迎楽」である。この「聖衆来迎楽」こそは藤原時代の人々に欣求浄土の念願を起させた最大の要因で、迎講成立の骨子となり、来迎図盛行の動機となったものであるが、恵心はそれを次のように記している。

何ぞ況や念仏の功積み、心を運ぶこと年深かりし者は、命終る時に臨んでは、大なる喜自らに生ず。然る所以は、弥陀如来、その本願を以ての故に、諸の菩薩、百千の比丘衆とともに、大光明を放ち、皓然かに目の前に在れたまふ。時に大悲の観世音〔菩薩〕、百福をつんで荘厳したまへる手を申べ、宝蓮の台を擎げて、行者の前に至みたまひ、大勢至菩薩は、無量の聖衆とともに、時を同じうして讃嘆へ、手を授べて引接したまふなり。是の時行者、目のあたり自らこれを見て、心の中において歓喜す。身も心も安楽なること、禅定に入るが如くなり。当に知るべし、草菴に目を瞑づるの間は、便ち是れ蓮の台に、結跏るの程なり。即に弥陀仏の後に従ひ、菩薩衆の中に在つて、一念の頃に、西方の極楽世界に、生るることを得る。観経、平等覚経並に伝記等の意に依る。

（『要集』上巻之本）

このように「聖衆来迎楽」を力説して浄土の十楽を述べたのち恵心は、続いて浄土に生れてその楽しみを受けるためには、まず菩提心を起せと勧め、菩提心を起した人々は万事を捨てて念仏を修めよと教えている。念仏とは、後に浄土宗を開いた法然の思想では、口に「南無阿弥陀仏」と称えることであって、いわゆる口称念仏が浄土往生の正業とされているが、恵心の主張する念仏は観念念仏で、弥陀の姿を心に描き、それを子細に観察することをいうのである。[2] 恵心はあたかも画家が弥陀像を描くように微妙の筆を揮って如来の姿を描写し、弥陀の姿を観察する順序を述べ（別相観・総相観・雑略観など）[3]、またもし念仏信徒が彼の説くように細密に弥陀の相好を幻想したり観察するに堪えない時は、信徒等の心に弥陀来迎の相や極楽浄土のありさまを描いて、念仏を続けるがよいと語っている（『要集』上巻之末）[4]。つまり、恵心が浄土往生の正業として教える観念念仏は極めて芸術的な念仏の方法であって、彼によれば、心に弥陀像を描くことや来迎相や、浄土の相を偲ぶことが、すなわち浄土往生という大目的を達するための最も大切な手段とされていたのである。平生、弥陀の姿や聖衆来迎の光景を幻想する習慣をつけておけば、死期既に迫って身心共に朦朧とした瞬間に、その麗わしい幻想があらわれて、われわれは恍惚として浄土に往生する事ができるというのである。

しかも彼の説くところはそれだけではない。彼は念仏を修めるには、その助業として弥陀の尊像を安置した仏堂で、弥陀像を礼拝、観察すれば、観念念仏は一層容易に行われると教え、たとえ仏堂はなくても一浄房があれば、西壁に弥陀の像を安置して念仏するがよいと述べ（平時念仏）[5]、さらに行者の臨終の際には――『二十五三昧起請』にその実行を誓っていたように――金色の弥陀立像を安置する無常院を営んで、弥陀像の左手に五色の糸をつなぎ、臨終の行者はその像の後方から、糸の端を握って浄土に行く光景を幻想せよといっている（臨終行儀）（『要集』中巻之末）[6]。

従って恵心の説く観念念仏にとっては浄土教の芸術は必要不可欠の要素であったといっても過言でなく、恵心の説を信ずる人々の間には、観念念仏の手段として多くの弥陀像の類が制作されたということは想像するに難くない。「ただ仏の像を想ふすら無量の福を得、況んや復た仏の具足せる身の相（すがた）を観ぜんをや」と語る恵心とすれば、たんに平生弥陀像を礼拝し来迎相を幻想するばかりでなく、建築・彫刻その他の芸術を総合して、同志の人々とともに来迎相をそのままこの世に演出するのを浄土往生の重要な手段と考えたのは至極当然な順序であって、迎講の行われる原因はこの点にあったと思われる[7]。

今述べた通り恵心の思想ははなはだ幻想的、感覚的で、芸術的色彩の極めて濃厚なものであった。耽美的な趣味の生活にその日その日を過していた藤原時代の公家達が、恵心の思想に索（ひ）きつけられたのはまことに無理のないことである。真言秘密の教義を学んで永年の修業の後、ようやく仏道の妙諦に悟入するよりも、恵心の説く「聖衆来迎楽」や「観念念仏」に傾倒して、来迎芸術に対する陶酔裡に、ひたすら浄土往生を願うのが彼らにとって遥かに有難い次第であった。一代の栄華を誇った道長の臨終が、

御目には弥陀如来の相好を見奉らせ給ひ、耳にはたふとき念仏をきこしめし、御心には極楽を思しめしやりて、御手には弥陀如来の御手の糸をひかへさせ給ひて、北枕西むきにふさせ給へり

（『栄華物語』巻三十、鶴の林の巻）

と語られているのも、恵心の力説した観念念仏が藤原貴族に心から実践された証拠である。このように恵心の思想を知り、あわせて藤原貴族の心情を知るならば、当時の念仏信徒が迎講や来迎図を機縁として、弥陀来迎を幻想し無上の法悦に浸りながら、果敢ない穢土を厭うたのは、極めて自然な現象といわれよう(8)。

（藤原時代以降に流行した迎講の具体的内容と、恵心の思想の芸術的特色については、以上述べたところでほぼ明らかになったと思う。迎講や恵心の思想を理解して、あらためて藤原時代から鎌倉時代にかけて麗わしく咲き匂った来迎図の一群を眺める時、それら来迎図は果してどのような意味を持って来るであろうか。次節以下にこの点について、現存する来迎図の傑作を例としながら、さらに推論をすすめよう。）

（1）　花山信勝氏は『往生要集』の成立年代を寛和元年（九八五）とする従来の通説に対して疑問を抱いておられるが（同氏校訂『往生要集』）、この書の成立の数年の違いは、本稿の論旨にさほど大きな影響を与えないから、ここではしばらく従来の説に従うこととする。なお、『要集』原文はすべて漢文であるが、本書においては記述の便宜上、花山信勝氏の『往生要集』に拠り、その和訳文を引用する事とした（以下要集の引文はすべて同書に随う）。

（2）　彼は天台の碩学でありながら「余の如き頑魯の者は顕密の事理教行はなし難い」と自ら反省し、専ら弥陀の本願に縋り、「往生の業は念仏を以て本となす」と断じているが、彼のいわゆる念仏とは、天親の五念門を以て正修念仏とし、六種の助念方法を助業とし、正助合せて念仏を行う趣意である。この念仏思想の中には観念念仏と称名念仏の二要素が含まれているが、その特徴とするところは観念念仏にあり、この思想こそ芸術と極めて深い関係を持つものである。例えば来迎図について後述するところによっても知られるように、平安以降のわが浄土教の芸術は、ほとんどすべてなんらかの意味でこの思想に関連しているといっても過言ではないのである。

（3）　仏身観については五念門の第四、観察門に非常に詳しく説いてある。

（4）　若し相好を観念するに堪（まさ）へざるもの有らば、或は帰命の想に依り、或は引摂（いんぜふ）の想に依り、或は往生の想に依つて、応に一心に称念すべし

（5）　先づ須らく道場を料理（しつら）ひ、尊像を安置し、香湯（ゆ）をもって掃き灑（そそ）ぐべし。若し仏堂無くも、浄房有らば亦得たり。掃き灑ぐこと法の如くし、一の仏像を取つて、西の壁に安置せよ

（6）日光の没る処に、無常院を為れり。若し病者有れば、安置して中に在く。（中略）其の堂の中に、一の立像を置けり。金薄をもつてこれに塗り、面を西方に向けたり。其の像の右の手は挙げ、左の手の中には、一の五綵の幡の、脚を垂れて地に曳けるを繋ぐ。当に病者を安んぜんとして、像の後に在き、左の手に幡の脚を執り、仏に従つて浄刹に往くの意を作さしむ。瞻病する者は、香を焼き、華を散らして、病者を荘厳す

（7）本節に述べたような思想は、断片的には恵心の出現する以前からも存在していたが、一つの体系をなして芸術制作にまで大きな影響を与えたのは、恵心の『往生要集』を以てその最初とすべきものと思う。従って恵心の思想の源流に溯る事はここでは割愛する事とした。なお、本節に述べた問題については、本書第五章「浄土教の思潮と絵画」第一、二節を参照。

（8）ここに中間的結論として迎講の発展過程を概括すると左表のごときものとなる。

五台山の念仏
↓
慈覚の（八月十五日）叡山常行堂の念仏
↓
恵心の毎月十五日の念仏講（菩提講）←恵心の観念念仏と来迎信仰
↓
頼暹や永観の毎月十五日の往生講（迎接講）
↓
丹後国その他各地の迎講（行道行）←菩提講などの折節の迎講（← 菩提講）←藤原貴族の耽美趣味

当麻寺←踟供養

七

筆者はこれまでの六節において、平安時代の迎講を想像し、それが恵心僧都の浄土信仰と密接な関係を持つ事を指摘した。さて、以上述べたところから当然連想されるのは、「迎講や恵心の思想と、わが来迎図との関連」という問題であろう。来迎図については既に先学の卓見の発表されたものが少なくないが、筆者もその驥尾に付して、この観点から、現存する来迎図の遺品について二、三の考察を試みることとしたい。

月影円かな常行堂に叡山の夜を徹して行われる不断念仏が、いわゆる「山の念仏」として、藤原時代の都人に次第に親しまれるようになると、(1)恵心の主張した観念念仏は藤原貴族の美的信仰と相結び、来迎芸術の驚くべき発展を見ることになるのである。例えば、叡山や京都を中心に頻りに営まれた念称堂・持仏堂・迎接之堂・来迎院・引摂院・阿弥陀堂などの建築は、(2)皆観念念仏を修めるための一種の道場と推察され、これらの道場に安置される阿弥陀如来の画像を始め、聖衆来迎図・浄土変相図の類は、すべて平時念仏や臨終行儀を行う時の礼拝の対象物になったものと思われる。弥陀の手の五色の糸をひかえて浄土往生を願う風習[3]や華やかな迎講の流行、または来迎和讃の制作[4]なども、やはり当時の念仏信徒がそれらの来迎芸術に心から傾倒したありさまを如実に語っているのである。道長の法成寺に詣でた尼どもが「浄土はかくこそは」と驚歎の声を放てば[5]、頼通の平等院を拝する童たちが「極楽うたがはしくば宇治のお寺をうやまへ」と口ずさみ[6]、王朝の才媛清少納言が「遠くて近きもの、極楽、船の道、男女の中」と飄逸な感想を洩したのも[7]、総て藤原貴族の耽美趣味が、「末法到る」の呼び声[8]におののきながら、恵心の思想と融合して、浄土を穢土に築き出した、あの特殊な時代相を興深く反映するものに他ならない。なかでも、宇治の清流に臨んでその軽やかな双翼を休める平等院鳳凰堂は、遥かなる十一世紀の夢を現在に漂わせて、恵心の思想と藤原貴族の優雅な趣味との交流を最もよく示していると思われる。

いうまでもなく、鳳凰堂は関白頼通が天喜元年（一〇五三）に落成した平等院内の一遺構で、仏師定朝の作とされる阿弥陀如来像を本尊とし、その堂宇の扉や壁面は宅間為也の筆と伝える九品来迎図などをもって彩られているのであるが、この阿弥陀堂は頼通の別業であると同時に、恵心の主張した観念念仏の道場として営まれたものと見るべきである[9]。頼通を始めとして、鳳凰堂に詣でる人々は、誰もみな本尊弥陀如来の四十二相を順逆に観念し、ひたすらに浄土往生の祈願をこめたことであろう。そして、眩ゆい仏の荘厳に眼の疲れを覚えると、あるいはその四周の壁画を眺めて聖衆来迎の楽を想い、あるいは堂宇を出でて水清い流れのほとりに「宇治のお寺」を顧みて、西方浄土を偲びながら佇みつくしたことと思う。この観念念仏の一大道場に、恵心が「弥陀の相好を観念するに堪えない時に観察すべし」と説く来迎相が——僅か一日で完成されたといわれる程に[10]——軽快自由な筆致により、青緑の色鮮やかな自然景の中に、のびのびと描き出されたのは、この場合いかにも適切な表現であった。九品来迎のありさまが、いわゆる大和絵風の軽快な画風に描き出されたことは、恵心の観念念仏において仏身観の対象となるべき弥陀如来（本尊）が極めて優雅に彫まれてその天蓋・光背などが複雑精妙な荘厳を施されている点や、浄土を偲ぶよすがとなるべきこの堂宇が、軽やかに麗わしく建られて、その前面に宝池に象った蓮池のある庭園が築かれている事実とともに、藤原時代人が、恵心の思想を受入れつつ浄土の幻想を芸術化する場合に払った周到な用意のほどを明らかに示しているといわれよう。

この壁画が恵心の思想と関連して解釈さるべきことは今述べた通りだが、かかる九品来迎図は必ずしも恵心以後に成立したものではない。鳳凰堂は恵心歿後僅か数年を経て成った法成寺の阿弥陀堂に倣って営まれたのであって、この九品来迎図が法成寺阿弥陀堂の壁画に学んだことは明らかである[11]。しかもその法成寺阿弥陀堂は、平安時代初期（承和十五年＝八四八という）に慈覚が創建した叡山の常行三昧堂から発展したものと考えられ[12]、常行堂の四壁に九品来迎図が描かれていたかと推察される節もあるから[13]、かかる図様は既に平安初期にその先駆をなすものが存在していたと思われる。したがって鳳凰堂の来迎図は、その描法は別として、構図の一部には恵心以前の来迎図様の伝統が潜んでいると考えたい[14]。

なおまた、鳳凰堂須弥壇後壁の画は、その画題について、かつて「ある高貴な方の葬儀、あるいは冥福を祈るために、宮中あるいは平等院内において行なわれた修法儀式であろう[15]」とか「しいて思えば、この寺塔の造立者（頼通）が、その善根によって極楽に往生する様を意味しているのかも知れない[16]」といわれたが、現在では『無量寿経』に見える弥陀如来本生譚の一説話を絵画化したものであるという説[17]が有力に行われている。しかしながら、この壁画の構図には、いかにも「高貴な方の葬儀」とか「修法儀式」「頼通の浄土往生」などを想像させるものがあり、従前の説も必ずしもいわれなきものとも思われない。鳥羽勝光明院は鳳凰堂に倣って一段と大規模に建てられたが[18]、『本朝続文粋』はその供養願文を引いて、

建二立瓦葺二階一間四面堂一宇一、奉レ安二置皆金色一丈六尺弥陀如来像一体一

（中略）

四柱、図二絵胎蔵金剛両部諸尊像一
四面扉、図二絵極楽九品往生幷迎講儀式一
仏後壁、表裏図二絵廿五菩薩幷極楽九品変像一
（下略）

保延二年三月廿二日　（同書巻十二、傍点筆者）

と記している。勝光明院の四面の扉に九品往生の相（すなわち九品来迎図）とならんで「迎講儀式」の実況が描かれていたということは、鳳凰堂のこの壁画の解釈にも一種の暗示を与えているのではあるまいか。藤原末期に阿弥陀堂の壁に迎講の実況を描く例があったとすれば、鳳凰堂の来迎相にあれほど自由な実景描写を試みた名画家が、その須弥壇の後壁に『無量寿経』の一説話を図絵する場合にも、当時流行していた迎講やあるいはその他の行道の実況を基礎として画想を練る事はあり得ることで、この説話画を構図した画家の脳裡にはあの来迎劇の盛況が去来していたのかと思われる。(19)

（1）『栄華物語』巻十五には京都をめぐる寺々の月々の行事を記し、その中に「八月山の念仏は」（第五節参照）の記事が見える。また同書巻十六に、治安元年（一〇二一）十二月に道長の室倫子の西北院（鳳凰堂に極めてよく似たプランの小堂宇で、弥陀三尊を安置してあ

った）に山の念仏を模して、三日三夜の不断念仏が行われたことを語って、そのありさまを「御念仏始まるに、この僧どもの参り集れる、いみじう美しう、おかしげなる事限りなし」と評している。

（2）これらの名称は往生伝の類にしばしば見出される。

（3）第六節に記した道長の臨終の場面を始めとして、当時の書物に頻りに見受られる風習である。

（4）例えば、恵心の作と伝える『来迎和讃』が今日に伝わっており（後出）、中山吉田寺の往生講の時の来迎和讃は「木工助敦隆の作也」といわれ（第四節参照）、大法師頼暹が往生講のために特に楽曲（一種の来迎讃と見る）を作ったことも説かれている（第五節註（5）参照）。なおまた、恵心の作と伝えるかの『二十五菩薩和讃』も迎講に関連して作られたものかと思われる。

（5）『栄華物語』巻十八

（6）『後拾遺往生伝』巻下、女弟子源氏の条

（7）『枕草子』百五十段

（8）『往生要集』の開巻初頭に「夫往生極楽之教行、濁世末代之目足也」と述べるのを始めとして、宇治に頼通の別業を営んだ永承七年（一〇五二）を『扶桑略記』は「今年初入二末法一」（永承七年正月の条）といっている。末法思想の普及につれて弥勒来迎の信仰も起り、弥勒来迎図の制作をも見るに至る。

(9) 家永三郎「法成寺の創建」(『美術研究』一〇四)には法成寺もまた恵心の思想と関連深いことを指摘しておられる。

(10) 『古今著聞集』巻一一

(11) 法成寺阿弥陀堂の壁画について『栄華物語』巻十八は「北南の側のかた、東の端々の扉毎に絵を画かせ給へり、上に色紙形をして詞を書かせ給へり、……九品蓮台の有様なり……これは聖衆来迎楽と見ゆ」と語っている。

(12) 慈覚が五台山の念仏を行うために営んだ常行三昧堂は四摂菩薩を安置して密教的色彩が濃厚であったが(次註(13)参照)、浄土教思想の盛になるにつれて――特に恵心の念仏思想により――その荘厳は次第に浄土教化することとなり、弥陀一尊(あるいは三尊)や九体阿弥陀を安置する種々の念仏道場が営まれ、遂には法成寺阿弥陀堂・平等院鳳凰堂のごとき優美な建物が作られるようになったと考えられる。塚本善隆「常行堂の研究」(『芸文』三・四)参照。

(13) 『山門堂舎記』や『叡岳要記』に、叡山の常行三昧堂を、

葺檜皮五間堂一宇(在㆓西谿毘㆒)

堂上、有㆓金銅如意宝珠形㆒、四方壁、図㆓九品浄土幷大師等影像㆒

安㆓置金色阿弥陀仏坐像一軀、同四摂菩薩各一體㆒

と記しているが、ここにいう九品浄土図とは、あるいは九品来迎相を描いたものかと思われる。

(14) 筆者は、もし常行堂の壁に九品来迎図が描かれていたとすれば、それはおそらく観経変相図下辺の来迎相の表現と近いものであったろうと想像する。いわゆる当麻曼荼羅下辺の図様は既に中国では唐朝に成立しているから、その図様はわが国にも恵心以前に伝えられていたと考えるのは極めて自然であって、その図様が常行堂の壁面から法成寺阿弥陀堂を経て、「為成」の速筆に至って遂に鳳凰堂にかかる相となって現われたものと思われる。

(15) 津田敬武『鳳凰堂の研究』四〇頁

(16) 源豊宗「浄土図」(『仏教美術』七)

(17) 源豊宗「鳳凰堂本尊後壁画図の主題に就いて」(『仏教美術』一八)

(18) 金森遵「平等院阿弥陀如来像と勝光明院本尊」(『国宝』二―九)参照

(19) 本節の推論にはいまだ考慮の余地があり、訂正すべき点もあることと思うが、今は論述を進める便宜上略記してみただけであって、詳細は他日を期することとしたい。もし仮りに本節に述べた要点を概括してみると左表のごときものとなる。

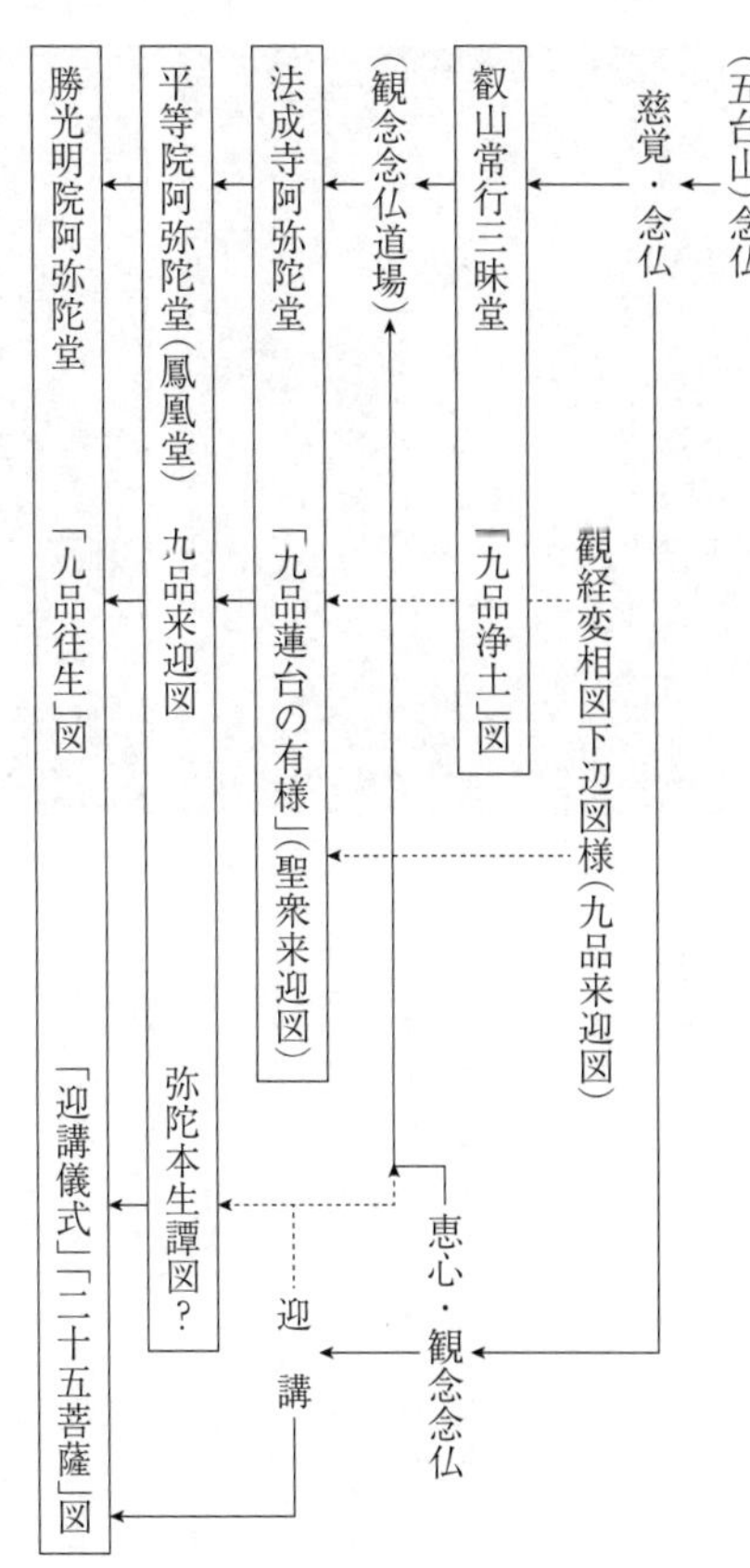
（五台山）念仏
慈覚・念仏
叡山常行三昧堂
「九品浄土」図
観経変相図下辺図様（九品来迎図）
（観念念仏道場）
法成寺阿弥陀堂
「九品蓮台の有様」（聖衆来迎図）
平等院阿弥陀堂（鳳凰堂）
九品来迎図
弥陀本生譚図？
勝光明院阿弥陀堂
「九品往生」図
「迎講儀式」「二十五菩薩」図
恵心・観念念仏
迎講

図12　阿弥陀三尊及童子像（法華寺）

八

さて、いよいよ独立した来迎図と迎講や恵心の思想との関係について考察する段になって、筆者が最初に直面するのは、法華寺の弥陀三尊及童子像（図12）という問題の大作である。この図は以前から平安仏画の代表作として制作の優秀さを讃えられておりながら、その成立や解釈については未解決の点が少なくない。以上に述べたところからあらためてこの大作に接すると、この図は果してどのような意味を持ってくるであろう。やや煩わしい記述になる恐れはあるが、次にこの図に関する筆者の私見を記してみよう。

法華寺の三幅は中幅に結跏する弥陀如来

が静かに正面しているのに、左右幅の二菩薩と童子とは向って左から右へ来迎する動きを示しており、構図上統一を欠いている。その描法も中幅のおおらかな表現に較べて、左右幅はむしろ繊細な技巧になり、両者は大部異なった画趣を湛えている。また、この三幅の画絹を子細に比較してみると、左右幅は全く同じ絹を用いているけれども、中幅は左右幅よりやや粗い絹を使用している事がわかるのである。従って、構図・描法・材料などのすべての点で違っている中幅と左右幅が各々別個の作であることは疑いないと思われる。しかも、これらはたんに別個の作であるだけではない。その描法から推して、粗い絹地に全幅に溢れるばかりに大きく堂々と描かれた弥陀の正面像は、

おそらくは藤原前半期の制作かと見受けられるが、それより密な絹地に繊細、優艶な描法で画面に充分のゆとりをとって描かれた二菩薩と童子の側面像は、あるいは藤原後半期の作ではないかと考えられるのであって、両者の制作年代の上には相当の開きがあろうかと推測される。従って、一応中幅は独立した弥陀画像と考え、左右幅は中幅とは別に一個の画面を構成するものとして、論述の便宜上、制作年代の新しい二菩薩及童子図から眺めよう。

静かに流れる雲の上に観音菩薩が蓮台を差出し、勢至菩薩は天蓋を捧げ、幡を持つ童子がそれを振返る所を描くこの図が、恵心の鼓吹した来迎信仰に基いて制作された一種の来迎図であることは一見して明瞭であると思う。しかしこの図を一般に行われる来迎図と比較すると、多少不審な所があり、来迎相の表現として納得するためには考うべき点が三つある。第一は、通途の来迎図では合掌して信徒を讃歎している勢至菩薩がこの図では天蓋を捧げていること、第二は、普通の来迎図にはほとんど描かれる例のない持幡童子が描かれていること、第三には（これが最も重要な問題だが）、来迎の主役弥陀如来を描いていないということである。

恵心の作と伝えられる『二十五菩薩和讃』(1)にも、

観音薩埵の蓮台は　　我等衆生を乗給ふ

勢至菩薩の合掌は　　定慧不二の表示なり
　普賢菩薩の幡蓋は　　恒順衆生と指掛る

と唄われるように、一般の来迎図では観音が蓮台をささげ勢至が合掌し普賢が天蓋を持つのが普通であるために、この図の天蓋を持つ菩薩は勢至でなく普賢であると説かれたこともあった(2)。しかし、この菩薩の宝冠には普賢の頂く筈の五仏はなく、勢至の象徴とすべき宝瓶が描かれているのである。この点から推してこの図に蓮台を捧げて宝冠に化仏を頂く菩薩が観音であるように――たとえ天蓋を持っていても――宝瓶を頂くこの菩薩は確かに勢至と認むべきであろう。また、持幡童子については、浄土三部経や『往生要集』の来迎を説く部分にはなんらその記載を見ず、来迎図にこのような童子が描かれることも極めて稀なので、この図は観音・勢至の幅とは本来は関係のなかったものが、後に偶然組合せられたのであろうという説を聞いたこともあった。けれども、この両幅を見る者は、画絹といい描法といい、またその構図の関係といい、全く同時の作であることを到底疑い得ないと思う。では、このように、明らかに恵心の強調した来迎信仰に基いて制作されたと見える法華寺のこの作に、勢至が天蓋を持ち、童子が幡を持って描き出されたのは何故であろうか。ここに思い出されるのは、『今昔物語』の語る丹後国の来迎劇のあの法悦に充ちた光景に他ならない。

光茂本『当麻寺縁起』の最末段に見える室町時代の迎講の場面では、中将法如像の前に坐って合掌しているのが勢至のように見受られるが、藤原時代の丹後国の迎講では、「仏は漸く寄り来り給ふに、観音は紫金の台を捧げ、勢至は蓋を差、楽天の菩薩は一雞婁を前として、微妙の音楽を唱へて仏に随て来る」のであって、(3)藤原時代の迎講には、勢至に扮する舞人が、この図のごとく天蓋を捧げる例があったことは明瞭である。そして、また持幡童子についても、『当麻寺縁起』には奏楽する聖衆に混じて幡を持つ二人の童子の可憐な姿が見出され、『今昔物語』も「一雞婁を前として」楽天の菩薩が近づいたことを語っており、渡辺別所の迎講にも「天童装束三十具」が作られているのだから、(4)迎講には持幡童子の加わるのがむしろ普通の習慣であったと見るべきである。とすれば、この二幅において、勢至が天蓋を、童子が幡を持っているのは、この図が恵心の始めた来迎劇の実況に関連して描かれていることを歴然と示しているといわねばなるまい。現に『本朝続文粋』は藤原末期に勝光明院の阿弥陀堂に迎講儀式の実況が描かれたことを伝えているではないか。(5)藤原後半期の作と見られるこの左右幅に迎講の光景が関連を持つのもまた無理のないこととといえよう。こう思ってあらためてこの図を見れば、その菩薩や童子の纏う美しい天衣が風に翻える巧妙を極めた表現は『拾遺往生伝』に読んだあの吉田寺の迎講で、四方から馳せ求めた菩薩の装束(6)もかくやと想像されるばかりである。

法華寺の三幅の左右幅に関する三つの疑問のうち、第一、第二の点についてはこのように解釈してつぎに問題になるのは、第三のこの図が来迎の本尊たる弥陀如来を描いていないという点である。『後拾遺往生伝』巻上の藤原忠季の条に、

彼孫女夢、菩薩三人、入二于東戸一、問二訊其人一、一人執二白蓋一、一人捧二綵幡一、一人持二蓮華一云々

という記事があるが、この文からわれわれは、当時の人々が天蓋・幡・蓮台を執る三菩薩があらわれるだけでも、それを来迎と観じたものと推察できる。従って、この図のように、蓮台を差出す観音、天蓋を捧げる勢至、幡を持つ童子を描いただけでも、あるいは来迎図として独立していたのかとも思われるが、法華寺のこの傑作の場合には現在その中幅になっている弥陀の画像が当然それと関連して考えらるべきものであろう。

肉身に黄土を塗り、朱線を以て輪廓をとり、一面に濃い朱色の卍繫文を表わした天衣を纏うその姿は、弥陀画像の古様を伝えたものではあるが、図の左右上隅の色紙形に記された、

其仏本願力　聞名欲往生　悉皆到彼国　自致不退転
眉間白毫光　猶如清浄月　博益面光色　頭面礼仏足
観仏本願力　遇無空過者　能令速満足功徳　大宝海

若能深信無狐疑者　必得往生阿弥陀仏国

という四種の経典から引いた二行宛の要文は、この図が恵心の強調した観念念仏の対象として制作されたことを明瞭に語っている。[7]この図は恵心の説く弥陀如来観察の対象となったものとしては、やや簡略な図様ではあるが、色紙形の要文から推しておそらく藤原時代を通じて、念仏信徒に無量の慈悲を恵みつつ、鳳凰堂の本尊と全く同じ役割をつとめていたと思われる。

しかるに、ここに注意すべきは、弥陀の結跏する蓮華座の周囲にわずかであるが、来迎の最大の象徴とされる雲が描き添えられている点である。この図の弥陀が雲に乗っている以上、色紙形の要文が（この図が観念念仏の対象となったことを語り）来迎の弥陀であるといってはいないでも、また弥陀の姿が正面向で極めて静止的に表現されていても、またその印相が普通の来迎の弥陀の印相とは相異しているにしても、[8]この画像が来迎仏とも見られたことは確かである。従ってこの図が来迎の弥陀とも見得る場合、当然思い合されるのは、現在その左右幅になっている弥陀の両脇士と持幡童子が雲に乗って来迎する画面である。

かくて、次の想像が成立する。すなわち、法華寺の中幅は藤原初葉の頃に古様を伝える弥陀一尊図として制作され、まず観念念仏の対象となっていたが、来迎信仰が普及し迎講の盛行する藤原後期に至って、その蓮華座の周囲に雲が加筆され、二菩薩及童子図が描き加えられて、従前通り見仏三昧の本尊として用いられると同時に、三幅合せて来迎図とも見られるようになったのではあるまいか、という推測である。(弥陀画像に描かれた雲は、左右幅にいかにも自然に静かに流れる雲ではなく、何となく凝固する雲であり、弥陀像のおおらかな描写に対しても、何となく渋滞感を伴なう雲である。この雲は左右幅と中幅を関連させるために加筆されたものと考えたい。)すなわち、この三幅は近世のいわゆる離合山水図のごとく、中幅は独立すれば仏を観念する対象となり、左右幅と合すれば一個の来迎相を構成し、また左右幅はそれだけでも来迎図として認められると同時に、中幅と合せてもまた弥陀来迎を偲ぶよすがとして念仏信徒に観察されていたと見られると思う。

こう想像する時に、あるいは左のごとき疑問が起るかも知れない。もし中幅に対して左右幅を後に描き加えたとするならば、二菩薩と童子をあれほど巧みに構図した左右幅の作者が、中幅との関係では、何故あのような不統一な構図法をとったのか。正面する弥陀に対しては、二菩薩と童子も――高野の大作の聖衆のように――正面した姿に描くべきであって、側面した姿勢に構図するのは不自然ではないか、と。しかし、この点についてはの(弥陀図を中幅とし、童子図を左幅とし二菩薩図を右幅とする)現在の配置法そのものが疑わしいのであって、この三幅を安置した観念念仏道場の有様を、恵心の説や鳳凰堂の遺構から類推すれば、その配置について、次のように考えることもできるであろう。

　恵心は『往生要集』に弥陀の尊像を安置した仏堂で、その尊像を礼拝すれば観念念仏が容易に修められると教え、頼通は彼の教えに従って鳳凰堂を営んだのであった。しかるに恵心は、たとえ仏堂はなくとも一浄房があれば、西壁に弥陀の像を安じて念仏するがよいと述べているから、恵心の思想に密接な関連ある要文を記す法華寺の弥陀像が、彼の説く通り一浄房の西壁に掛けられたことは確かであって、例えば『後拾遺往生伝』巻上、栖霞館上人の条に、

　栖霞館有二一上人一、失二其名一矣、多年睛盲、一生念レ仏、建二立一堂一、以為二依処一、即安二丈六弥陀之画像一、偏修二往生堅固之観行一

とか同書巻中、左大臣俊房の条に、

　建二持仏堂一、安二弥陀迎接之像一、為二観念経行之処一

などと見えるそのような用途を持つ画像であったと思われる。そしてまた、二菩薩及童子図は――鳳凰堂では本尊が西壁に安置され、来迎相が東・南・北の壁面に描かれていたように――その浄房の北壁に掛られて、西壁の弥陀を合せて来迎の相をも観念できるようにしたものと思われる（図13）。その場合、二菩薩の図と童子図とが二幅に分けて描かれたのは、弥陀を中幅とせんがためではなく、その両幅が柱によって距てられていたか、ある

いはそのささやかな浄房の北壁には童子図を掛けるほどの余地がなく、童子図は東の壁の北よりに西面してかけられたことを語っているのではあるまいか。もし今述べたように三幅を飾る浄房で、念仏行者が（西に向って）観念念仏や臨終行儀を行ったとすれば（その位置は図13に×印を以て示す）、西壁の弥陀が正面（東面）し、北壁の観音・勢至が左から右へ（すなわち西方浄土から信者の方へ）来迎し、東北隅の持幡童子がそれを振返って佇むのは、極めて適切な構図法であったと考えられ、現在のごとく三幅を一平面にならべて見る場合の構図上の矛盾は全然消滅し、かえって二菩薩及童子図を描いた人の周到な計画を如実に示していることになるのである[9]。

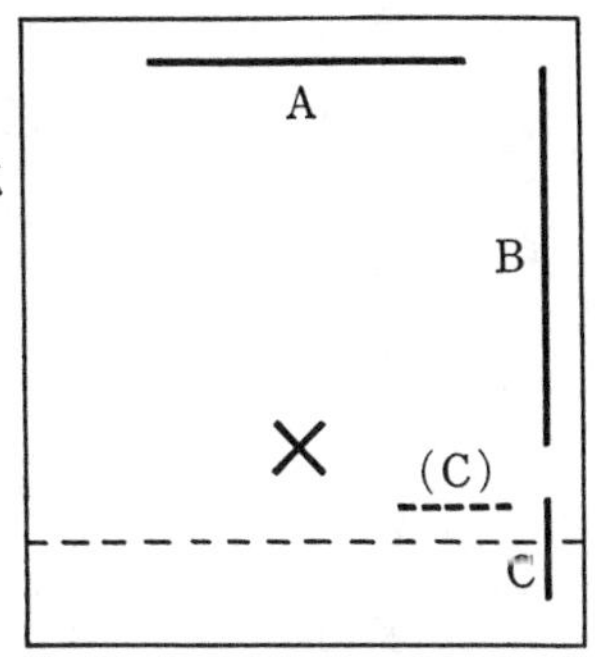

図13　法華寺阿弥陀三尊及童子像配置推定図（A弥陀如来図、B観音勢至図、C持幡童子図、×観者の位置）

弥陀如来が端然として観者に向えば、観音・勢至は静々と来迎する。そのささやかな浄房に念仏する比尼丘を巡って、弥陀像の荘重な印象や、菩薩と童子の優艶微妙の表現が、部屋一面にいい知れぬ法楽をみなぎらす。平等院鳳凰堂に偲んだ十一世紀の夢が、この傑作にも残っている。今は古びた法華寺の三幅を、ありし昔の浄房に飾って、観念念仏の幻想裡に果敢ない人生を忘れんとする藤原時代の尼どもの激しい感激の鼓動を聴くのは、たんに筆者の恣（ほしいまま）なる臆測であろうか。(10)

（以上鳳凰堂壁画と法華寺の三幅に関する私見を記したが、次節以下には高野の聖衆来迎図や山越形式の来迎図の傑作に対して、さらに考察の筆を進めたい。）

（1）　二十五菩薩とは、本来は現世で念仏信徒を平生護持する菩薩たちのことだが、わが国では来迎の聖衆と同意義に混用された結果、来迎図においても正しくは「聖衆来迎図」と呼ぶべきもので「二十五菩薩来迎図」といわれているものが少なくない。ここにいう『二十五菩薩和讃』も来迎の聖衆を歌う和讃と解せられ、この和讃は来迎の聖衆とその持物について歌ったものとされている。なおこのことについては次節の註（2）を参照されたい。

（2）　源豊宗「来迎の芸術」（『仏教美術』二）

（3）　第三節参照

（4）　第四節参照

（5）　第七節参照

（6）　第四節参照

（7）　現に筆者は左表に示すごとく、その四種の要文の中の三つまでを『往生要集』中に発見しており、残る一句も明瞭に恵心の観念念仏を意味する句であって、おそらくは『要集』その他の恵心の著作中にあったものと考えられる。従って、この四種の要文は直接各原典から引かれたものではなく、当時流行した恵心らの著わした浄土教関係の著作から引用されたものであろう。

（要　文）	（原　典）	（『要　集』）
其仏本願力……	『無量寿経』下	㈦　念仏利益の条
眉間白毫光……	『十住毘婆沙論』第五	㈣　正修念仏の条
観仏本願力……	『無量寿経』優波提舎	？
若能深信………	『阿弥陀鼓音声陀羅尼経』	㈤　助念方法の条

ちなみに右の第一句は、『二十五菩薩和讃』にもその最後の部分に引かれ、永観の『往生講式』にも往生講の歌頌として歌うべきものとされていて、当時有名な文句であったらしく、迎講にもしばしば歌われることがあったものと思う。また第二句も同じく当時は有名な文句であって、この句は山越来迎図の解釈に興味深い暗示を与えているのだが、そのことについては第十節以下に述べる所を参照されたい。

（8）「法華寺弥陀三尊及童子図解説」（『国宝全集』第三六輯）参照

（9）この三幅を飾る小堂宇が恵心のいわゆる「無常院」のごときもので（第六節註（6）参照）、観者が「頭北面西」して横臥したとすれば、この配置法は一段と効果的であろう。

（10）本節後半の記述は、法華寺の中幅と左右幅が藤原時代から一組のものとして伝えられたという仮定の上にたてられている。この仮定については、あるいはなお検討すべき余地があるかも知れないが、この図の裏書によれば、延慶三年（一三一〇）九月に浄海尼が願主となって三幅を修補した旨を記しており、少なくとも鎌倉末期にはこの三幅はともに法華寺に伝えられていたことが解る。なお浄土往生する人の臨終に童子があらわれるのは『法華経』の信者の場合に比較的多い（例えば童子飛来を説くのは普通の往生伝より『本朝法華験記』にその例が多い）ことと、本文中に引用した『後拾遺往生伝』の一節で三菩薩の来迎を夢みるのが女子であることもこの場合ちょっと興味ある点である。ちなみに本節に記した事を概括すると表のようなものとなる。

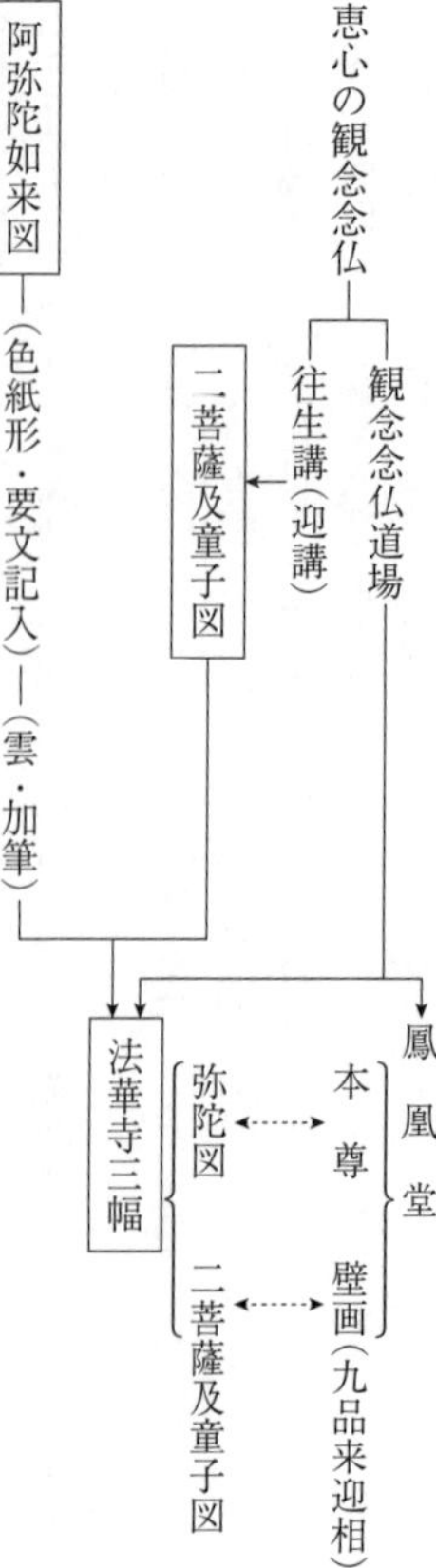

九

鳳凰堂の壁画や法華寺の弥陀三尊及童子像とともに、平安時代の浄土教絵画の三大傑作と謳われるものに、高野山有志八幡講十八箇院所蔵の弥陀聖衆来迎図が挙げられる。この図は西方浄土の主尊弥陀如来が、(合掌する)勢至菩薩と、(蓮台を捧げて跪坐する)観音菩薩を随えて、奏楽する聖衆に取捲かれながら、漫々たる水上を紫雲に乗って来迎するところを正面から描いた大作である。金色の弥陀如来は精巧な切金文様のある衣を纏い、周囲に金泥の暈染を施した光背を背に、画面中央に端然と結跏しているが、その弥陀を中心にして構図はみごとにまとめられている。華麗な天衣を着けた菩薩達には体軀の大小に巧みな遠近表現が試みてあり、聖衆の肉身を描くやや太い朱線は、われわれの目に一種の重さを感じさせる。従ってこの図に対すると、水上遥かに紫雲の尾を引いて飛来した弥陀と聖衆がいよいよわれわれに近づいて、今やその飛来の速度を緩めたのだというかなり切実な印象を得るのである。すなわち、この図は画題こそ一種の宗教的幻想に過ぎないが、画家のたんなる夢を描いたにしては意外に現実的な感覚を持っている。弥陀聖衆来迎の奇瑞がかくも切実な迫力をもって描き出され、二十世紀の今日でさえ「真に劇的の壮観」(1)と讃えられているのは、ただに、この作者の空想力の逞しさによるのだといいきってしまうことができるであろうか。筆者には何となくこの図もまた、観念念仏や迎講儀式の実況と一脈の関連を持っているかのように思われる。

この来迎図は現在は「高野の二十五菩薩」として有名になっているが、(2)もとは叡山安楽谷に伝えられ、恵心僧都真筆、一天無双の霊宝として貴賤の尊崇を集めており、元亀二年（一五七一）九月信長の叡山焼討の際に危く類焼を免れて、それ以来奇しくも真言宗の総本山に秘蔵されるようになったものであることを、その裏書が語っている。

叡岳別所安楽谷大阿弥陀尊像廿五菩薩同山越三尊化仏等、以上三十三體、恵心僧都廿四歳秋真筆、依レ為二一天無雙之霊宝一、常者　被下付二勅封一納中宝蔵之室上、従二往昔一已来、当二七月十五日仏歓喜日一、有二勅使参降一開レ之令レ利二万機一、例年無レ替、一日之間貴賤参詣不レ知レ数、（中略）元亀二天辛未九月中二日澆季時、至二山上山下破滅之刻一、不レ消二堂塔焼失之烟一、乍レ被レ奪二武勇逆徒手中一、再集二仏家末山希代霊験一、（下略）

天正十五乙亥年五月十五日

施主　法印尊秀　白敬

表補衣師

馬椙甚三郎秀昌

安永七戊戌年六月十五日

表補衣師

高木伊兵衛政信

右の裏書によれば、この図が叡山に伝えられた頃には常には勅封を付せられて、毎年七月十五日に勅使が参向してこれを開いたというのであるが、(3)室町末期の歌人三条西実隆はその日記の永正六年（一五〇九）十月十五日の条に、

安楽谷本尊恵心僧都筆来迎阿弥陀廿五菩薩像三幅、自二御所一可二拝見一之由被二仰下一、之結縁随喜者也

と記しているから、この図が安楽谷の什宝として勅封によって保護されてきたという伝えは確実で、この図が鳳凰堂壁画や法華寺の三幅に較べて保存のよい理由もさこそとうなずかれるのである。

そしてここに注意すべきは、裏書に見える二度の修理が、天正十五年（一五八七）五月十五日と安永七年（一七七八）六月十五日に終っており、その日に修補完了の供養が行われたかと想像され、実隆がこの図について記すのが永正六年十月十五日で、しかも、裏書はこの来迎図は古くから毎年七月十五日に限って開かれたと記している点である。いずれも新しい記録ではあるが、この図に関する記事がすべて十五日に認められて、これを拝観する日が十五日と因縁ありげに見えるのは、筆者にとって、なかなか面白い問題である。

なぜならば、裏書のいう「仏歓喜之日」十五日は、藤原時代に恵心の主張した観念念仏が最も盛んに行われた日であって[4]、彼が「三五夜亦念二無量寿一之夜也」として菩提講を行い、「可下以二毎月十五日夜一修中不断念仏上」と教えたその日に当るためである。前にも述べたように頼暹や寛印が迎講を演じたのも十五日、永観が往生講を修めたのもまた毎月十五日と知られるから、藤原時代には毎月十五日は、迎講の最も頻に演ぜられた当日であったといわねばならない[5]。

こう考えると、裏書や『実隆公記』が、この図はもと叡山安楽谷の什宝であったと記していることが特殊な意味を持ってくる。安楽谷とは叡山横川の谷の名だが、横川は昔から迎講をもって有名な土地であった。前に引いた光茂本『当麻寺縁起』や『円光大師行状画図翼讃』は、共に迎講は恵心によって横川華台院に始めて行われた由を述べていたし[6]、さらに古くは『三外往生記』の叡山横川飯室の沙門信敬の条に、その往生の当日、一僧侶が夢みた事を記して、

法華三昧堂陽快夢、天童一人降来云、此山可レ有二迎講一也

とあり、『首楞厳院二十五三昧過去帳』が、僧能救の夢を、

夢見三能救到二僧都室一、僧都欲二遠行一、其路左右諸僧陳列、有二四童子一形服甚美、左右相哉、列レ僧而立、大途似二横川迎講儀式一

と語り、また『続本朝往生伝』には恵心の条に、

横川安楽谷、有二浄行上人一、今夜不レ眠、如レ例観行、至二暁更一、天外遥聞二聖衆之伎楽一
云々

などと見えるから、これらの記事を総合すると、藤原時代から鎌倉時代にかけて横川に迎講の盛行したことはほとんど疑い得ないと思う。

従って——この弥陀聖衆来迎の大画面が、迎講の頻りに演ぜられた叡山横川に、一天無双の霊宝として伝えられ、迎講の行われる当日を限って拝観されたらしいとすると——当然、この来迎図と迎講とは密接な関係を持つのではないかと想像されてくるのだが、この点について永観はその著『往生講式』の開巻初頭に、興味ある記事を載せている。

先西壁安二阿弥陀迎接像一
次備二香華第（等カ）伝供一

というのがすなわちそれで、往生講を毎月十五日に行うべしと説く永観は、準備として、まず道場の西壁に弥陀来迎像を安んぜよというのである。そして、彼のいう「阿弥陀迎接像」が彫刻でなく絵画を意味する事は、この記載に続く部分に、

若人散二乱心一　乃至以二　華一
供二養於画像一　漸見二無数仏一

とあるところによって明瞭で、ここにわれわれは藤原後期には迎講の際にその本尊として弥陀来迎画像が用いられる場合があったことを至極明確に知るのである。

平時念仏のおりの観仏の対象としては、いくぶん大きすぎるかと思われる高野の傑作も、このような迎講の本尊として見るならば、いかにも適当な大きさのものといえよう。[7] そしてまた、弥陀や聖衆が正面からわれわれを迎えに来るこの画面が、意外に現実的印象を与え、異常な劇的迫力を持つ意味も自然了解されるであろう。丹後国の迎講で浄土往生を遂げた上人が、臨終に目のあたり見た光景は、まさにこの図のような奇瑞であり[8]、この図の作者の胸底を去来したのも、あの迎講儀式の感激的な実況であったかと思われる。高野の大作を巡って荘麗な迎講の修められた有様を偲ぶと、異香馨じ散華飛ぶ堂宇の裡から恵心の作と伝える『十楽和讃』の、

第一聖衆来迎楽　　音楽空に聞ゆれば
心に恩愛うちわすれ　　必ず歓喜の心生ず
観音蓮台ささげつつ　　勢至は聖衆と讃歎す
草庵に目合すれば　　華台にあなうら結ぶなり
仏の後へにしたがひて　　菩薩聖衆の中に入り
ただ一念の間にぞ　　極楽世界に生ずなる

という一節が、講衆の微妙な歌声として仄かに聞えて来るかとさえ疑われる。この図こそは、恵心の観念念仏の幻想的、浪漫的なしかも非常に感覚的な傾向を如実に示す適例と考えたい。

とはいえ、筆者はこの図の作者を――裏書や『実隆公記』のいうように――恵心僧都その人だと考えているわけではない。来迎信仰を鼓吹した恵心が、来迎図の制作を奨励し、それをもって浄土往生の素懐を遂ぐべきよすがとしたのは、いかにもありそうなことであり、(9)そしてまた、恵心在世の頃に来迎図の作られていたことも確かである。しかしながら、彼の行った菩提講では『二十五三昧起請』などにも説く通り、弥陀の影像に対して往生の観行を修めるように勧めてはいるけれど、かかる画像を安置すべしと特に主張した確証はない。(10)迎講に来迎図が用いられるようになり、浄土教的奇瑞を正面からこのように複雑な図様に描くようになったのは、やはりいくらか時代も下り、おそらくは、永観が『往生講式』に道場の西壁に弥陀迎接画像を安置せよと説いた頃、すなわち藤原後期以降のことではあるまいか。右のごとき想像は、平安時代もかなり古い頃の制作と見られていたこの大作が、近時その描法から推して、藤原後期の制作と推定されるに至ったこととも、(11)ちょうど符合する結果となる。鳳凰堂壁画の純雅な趣味や、法華寺の弥陀のおおらかな表現に較べると、この図には何となく異なった気分がある。鳳凰堂の本尊とこの図の弥陀を対比しても、さらにはまた、法隆寺の観音面[12]（これは康和四年＝一一〇二の制作で、迎講の際に観音に扮する人が着けたものである）とこの図の観音の容貌を対照しても、筆者にはそこに極くわずかではあるが、やはりいくらかの時代の開きが感じられるかのように思われる。

（平安時代浄土教絵画の三大傑作とされる鳳凰堂壁画と法華寺の三幅、高野の大作について以上のように考えると、つぎには鎌倉時代浄土教画の秀作の大半を占める山越形式の来迎図はいかなる意義を持つであろうかという問題が起って来る。次節以下にはこの点に関する二、三の推論を試みることにしよう。）

（1）『日本国宝全集』第二九輯

（2）この図には二体の如来形と三十一体の聖衆が描かれているにも拘わらず、「弥陀二十五菩薩来迎図」と呼ばれている。そして、本図以外にも正しくは「弥陀聖衆来迎図」というべき遺品で「二十五菩薩来迎図」と呼ばれているものが少なくないが、それはいかなる理由に基づくのであろうか。この点について、筆者は（いまだ確信を得るには至らないが）大体次のように推測している。

二十五菩薩とは、第八節註(1)にも述べたように、本来は念仏信徒を現世で護持する菩薩であって、来迎の聖衆とは区別して考えられるべきものであった（多屋頼俊「来迎の聖衆と二十五菩薩」『歴史と地理』昭和八年七月号参照）。恵心が同志の人々二十五名と菩提講を結縁して、毎月十五日に二十五三昧を修め、同志の一人が病にかかった時には互に護持しようと誓ったのも、同志の人々を（念仏信徒を現世で護る）二十五菩薩に擬したものであった。ところが、菩提講（念仏を主とする信徒の集まり）の際には迎講（行道的演劇）が行われ、やがて迎講が特に盛んになってきたために、自然、菩提講の折に念仏をした二十五人の講衆が、来迎の聖衆に扮することともなり、菩提講や迎講を媒介として、ここに二十五菩薩が来迎の聖衆と同意語に用いられるようになる。かくて、来迎の聖衆を歌う「二十五菩薩和讃」を生じたり、弥陀聖衆来迎図が「弥陀二十五菩薩来迎図」などと呼ばれるようになるのである。

なお、この図に三十三体の仏や菩薩が描かれた理由については、望月信成「日本浄土教芸術の概観」（『仏教考古学講座』第十二巻）中に興味深い説があるからそれを参照されたい。

（3）水原堯栄「阿弥陀来迎図の高野入山について」（『国華』三九一）

（4）その二、三の例をあげると左のごとくである。

『日本往生極楽記』「女弟子小野氏の条」　毎レ至二十五日黄昏一、五体投レ地、西向礼唱曰、南無西方日想安養浄土

『本朝法華験記』上巻「延暦寺座主延昌の条」　毎月十五日、相迎諸僧唱二弥陀讃一、兼令レ対二論浄土因縁法華奥義一

『三外往生記』「沙門祥蓮の条」　毎月十五日、断食一日、夜間至レ心念仏

『高野山往生伝』「調御房定厳の条」　為二毎月十五日之勤行一、修二弥陀百万遍称念一

なおこの高野の傑作は現在でも毎年八月十五日の前後約十日間を限って拝観されることになっている。〈編集部註　近年は特別の場合を除いて展観されない。〉

（5）第五節参照。（十五日以外に迎講の行われることもあるが、それは念仏信徒の往生する場合とか、その他何か特殊な意味のある場合に限られていたらしい。）

（6）第三節参照

（7）（永観のいう往生講は前に紹介した当麻寺練供養の次第とは相当違う点もあったと思うが）筆者は要するに、高野の来迎図は、当麻寺の迎講の場合の文亀曼荼羅のごとき役目を荷ったと想像するのである。

（8）第三節参照

（9）第十節参照

（10）第五節参照

（11）源豊宗「高野山の聖衆来迎図に就いて」（『仏教美術』一六）

（12）この面裏に、「康和四年十月九日、仏師増善□法隆寺造、観音面形、来迎析」とあって、この行道面が迎講に用いられた観音面なることは明瞭である。（野間清六氏の御指教による）

十

以上で藤原時代の制作といわれる来迎図に関する論考を終り、本節から鎌倉時代の作例に眼を転ずることとする。来迎図は鎌倉時代には頗る盛んに制作され、現在に伝わる遺品も少なくないが、その中でも比較的秀作に富み、また、最も注目されているのは、いわゆる「山越阿弥陀」の一群である。これら「山越阿弥陀図」は、その特異なる構図により早くからわが美術史上に重要な位置を占め、日本的仏画と謳われているけれども、その構図の成立や解釈については未だ充分に究明されない状態にある。従って筆者はここに試みに上述した恵心の思想や、迎講という宗教演劇と関連して、山越形式の来迎図様に未熟な一解釈を下そうとするのである。

まず仮りに、この種の来迎図を禅林寺や金戒光明寺に伝えられるような、比較的単純な構図のものと、京都国立博物館の所蔵図（上野氏旧蔵）や川崎家の旧蔵品のごとき比較的複雑な構図のものの二類に分けて、その第一類から考えよう。

鎌倉時代の山越形式の来迎図のうちで、構図が比較的単純なのは禅林寺と金戒光明寺の二点であろう。この二点は、法華寺や高野の大作に比べるとその形が大部小さく、それらの遺品とは、自ら異なった用途に供せられたようである。殊に金戒光明寺の来迎図（図

1）は縦一〇一センチ・横八三センチの小幅で、三曲の屏風装に仕立られ、左右の二曲の幅はちょうど中の一曲の二分の一に相当し、あたかも厨子の扉を閉じるごとくにして折畳めるようにできている。画面はやや硬渋の趣があり、着色その他の点から推して、制作年代はおそらく鎌倉後期を溯り得まいと思う。しかし、左右上隅の色紙形には、

　弟子天台僧源信

正暦甲午歳冬十二月謹図下弥陀化二導衆生一之相上、渇仰恋慕発願而言、仏光照耀聖衆来迎、上品蓮台願得往生、上求下化、前徳究竟、如二文殊願一如二普賢行一

　久慕二西方一素無レ弐　弥陀誘引有レ時行
　光芒忽自眉間照　音楽新発耳界驚
　永別故山秋月送　遥望浄土夜雲迎
　宜乗二願力一吾先去　便導二衆生一尽往生

という題辞があり[1]、この図は恵心が正暦五年（九九四）に衆生を化導せんがために彼の渇仰恋慕する弥陀如来の来迎相を図絵したものであると語っている。見れば、山の彼方、藍色の虚空に寂として佇む金色の弥陀三尊は、いかにも静かな姿であって、その単純な構図には一脈藤原時代を偲ばせるものがある。

　この小形の来迎図を眺め、その題辞を読みながら、本図の用途や成立について考える時、

直ちに思い出されるのは『後拾遺往生伝』の平維茂と恵心僧都の親交に関する逸話であろう。(2)

自彼壮年之時、常謁恵心院僧都源信、望往生之扶持、僧都承諾、専存其志、而間漸及暮年、屢有病気、已及危急、告僧都曰、比年之約言臨終之勧進也、今正其時、必待光臨者、于時僧都贈極楽迎接曼荼羅一鋪報云、依年来之約、雖有知識之契、自他相障、不能投歩、唯対此曼荼羅、可成往生之観、凡我朝迎接曼荼羅、流布始于此矣、時将軍歓喜合掌、偏対此図像、一心観念、如入禅定、寂而終、生年八十云々

(『後拾遺往生伝』巻中、平維茂の条)

すなわち、日頃から恵心に末期の勧進を望んでいた維茂が、その臨終に当って使者を遣して僧都に「往生之扶持」を依頼したところが、あいにくの支障で維茂の家に行くことのできぬ恵心は「迎接曼荼羅」一鋪を送り、それによって「往生之観」をせよと教えたというのである。前に述べた恵心の観念念仏思想や、来迎信仰と考えあわすと、これはいかにもありそうなことで、そのような場合に用いられる「迎接曼荼羅」は、多分、病者の枕辺に飾るにふさわしい小形の来迎図であったものと思われる。現在でも来迎図屛風を寺から檀家に運んで、信徒の臨終にその枕辺に飾る風習の遺っている所があるが、(3)金戒光明寺の図(図1)などは、そのような時に使用するにはまことに適当な形態といわねばなるまい。

こう考えてこの図に対すると、弥陀の手には四センチ程の糸片が結ばれているのに気付くが、それが恵心のいわゆる「五綵幡」の名残りなることは確かである。平安時代から鎌倉時代にかけては、来迎の弥陀画像に五色の糸を繋いで、

ひとすぢに　心がくれば　迎ふなる
　蓮(はちす)の糸よ　おはり乱るな
　　　　　　　　　　寂然法師（『千載集』巻十九）

南無阿弥陀仏(ほとけ)の　御手にかくる糸の
　をはり乱れぬ　心ともがな
　　　　　　　　　　法円上人（『新古今集』巻二十）

と、ひたすらに「平時念仏」や「命終決定往生」の礼拝をする風習は、かなり盛んだったに違いない(4)。この図の弥陀や観音・勢至も、冷え行く手に五色の糸を握りしめつつ、浄土往生を悲願した念仏行者の臨終をいくたびとなく眺めた事と思う。

（1）西教寺所蔵の「迅雲阿弥陀図」にも、これと同文の題辞があるから、この題辞は鎌倉時代以降には多くの来迎図に記入されたものと思う。そして、鎌倉時代の制作と見るべき聖衆来迎寺のいわゆる十界図の題辞のほとんどすべてが、恵心の『往生要集』中の要文を根拠としていることを考えると、この来迎図の題辞も鎌倉時代に創作されたというよりは、何か相当の古い典拠に基づいて記入されたと見る方が、むしろ自然な解釈ではあるまいか。
なお、本図には、これと全く同じ描法の地獄極楽図屏風一双が附属しているが、ここでは

論述の便宜上、その図に関する考察は省略することとする。

（2）この逸話が山越形式の来迎図と関連して解釈されることは、既に江戸時代に阿日寺の住僧恕哲が指摘しており、また豊岡益人「山越来迎図考」（『美術研究』四九）にも説かれている。試みに、恕哲の『慧心院源信僧都行実』中の一文を引くと左のごとくである。

又一日（恵心）遊二於不二峰一、一仏二大士、倏爾現二于両峰之交一、光明熾盛、花香芬郁、僧都欣躍瞻礼、亦親図レ之、俗称曰二山越阿弥陀一、平維茂将軍貞盛之猶子也、（中略）嘗見二僧都一、聞二止観円妙之旨一、兼承二往生之要義一、乃約曰、若我大期時至、願師来勧焉、及二其病革一、遣レ使責レ約、会僧都有レ事不レ赴、乃以二迎接図一付レ使曰、汝報レ之、但対二此像一修二摂身心一専称二仏名一、必得二往生一矣、我往而無二以加一焉、維茂得レ図、歓喜合掌、対レ像奄爾逝

（3）阿日寺所蔵の「弥陀聖衆来迎図屏風」はその一例。

（4）ちなみに、弥陀彫像に五色の糸を繋いで念仏する風習は、当時は極めて盛んであった。時代は多少遅れるが、『頻焼阿弥陀縁起』にはそれを描いた場面もある（図2参照）。

十一

金戒光明寺の来迎図の用途について、右のように考えると、『後拾遺往生伝』(1)にいう「往生之扶持」「臨終之勧進」という言葉が、恵心の結縁した菩提講の臨終行儀のごとき儀

式を指し、従ってかかる来迎図が「臨終行儀」や「迎講」の略儀として「観念念仏」の対象にされたものであるということは、既に贅言を要すまい。

しかるに、その恵心の観念念仏は、平安時代には叡山を中心に毎月十五日に特に盛んに修められ、菩提講も毎月三五夜を限って結縁され、迎講もまた主としてその日に演ぜられていたのであって、この一事は——高野の大作についてて考える際にその手懸りになったと同様——山越形式の来迎図の解釈にも、再びおもしろい暗示を与えてくれるようである。

浄土教の仏画について何の知識も持たぬ者が突然この図に接する時、彼らはまず山の彼方に大きく描かれた弥陀三尊から一種異様な印象を受け、その不可思議な図様に喫驚するに違いない。そして、つぎの瞬間には、山の端にたゆたう雲や弥陀の頭光を眺めて、おそらく、山の端の月や夕陽を連想するのではあるまいか。かつて、筆者が始めてこの図に対した時、思わず心に浮んだのは、

常よりも　照りまさるかな　山の端の
　紅葉を分けて　出づる月影

という『拾遺集』の秋の歌一首であった(2)。筆者はその時、このほの暗い画面が「永別故山秋月送、遥望浄土夜雲迎」という題辞の気分をいかにも巧みに表現していると感じたことであった。

これと同様の感想は、禅林寺の来迎図（図14）からも得られよう。(3) 禅林寺の掛幅は、細部の描法から見ておそらく鎌倉中期を下らぬ制作と考えられ、金戒光明寺の屛風より時代の古いものである。金戒光明寺の来迎図の弥陀の左右にやや大きく並んで描かれた観音・勢至は、この図では既に山を越えて大部われわれに近づいており、弥陀一尊だけが遠く静かに現われている。そのために、この図の弥陀はさらに一段と印象的で、山の彼方の水波に浮ぶ慈顔には、まことに叡山の満月を連想させるものがある。

図14　山越阿弥陀図（禅林寺）

このように、この種の山越来迎図がその形態や『後拾遺往生伝』の逸話などから、叡山を中心に毎月十五日に営まれる観念念仏や菩提講・迎講の略儀として念仏信徒に礼拝されたかと推察され、しかもまた一方にはその構図が山の端の満月を連想させるということは、たんなる偶然の符合とは思われない。かかる特殊な構図法は、次に説くごとく、事実、山の端の満月と密接な関係を持つのである。

念仏信徒が浄土を観念するためには、日想

観が重要な手段であることは『観経』に説く通りであって、わが国でも西日を拝して聖衆来迎を幻想し[4]夕陽を浴びて迎講を修めた例[5]があるから、かかる来迎図が西日と関連して解釈されるのもまことに理由あることと思う。しかしながら、この図様の成立に密接な関係ありと見るべき恵心僧都は、わが国に浄土宗の確立される百数十年も前の天台宗の碩学であった。彼の観念念仏は台密の観法に基づいて（たんに日想観に拠るよりも）広く摩訶止観を重要な要素とし、密教の阿字観・月輪観などとも深い因縁を持つのである。すなわち、恵心は弥陀を太陽に擬するよりむしろ三五夜の月に譬えているのであって、信徒の胸中に弥陀の真理の宿ることを、水澄めば月影がその水面に映ずるごとしと説くことも少なくない。『往生要集』では、浄土往生の手段として、観念念仏の重要なことを述べているが、その際に弥陀の白毫光を清浄なる月に喩えて、

眉間白毫の光は、猶し清浄の月の如し、面の光色を増益す、頭面に仏足を礼したてまつる　（『要集』第四正修念仏、讃歎門）

といい[6]、観念念仏を修める方法を説く時に弥陀の相好を秋の月と比較して、

面輪は円満にして、光沢あつて熙怡あり。端正にして皎潔なること、猶も秋の月の如し。双べる眉は皎かにして浄く、天帝の弓に似たり　（『要集』第四正修念仏、観察門）

と語っており、また『観心略要集』では、その念仏の効果について、

観法之功用、不レ期而見レ仏、如二霜降鐘鳴水澄月泛一而已、只是心水止レ濁、可レ待二満月来迎一

と満月来迎を弥陀来迎と同意語に用いてすらいるのである。そして『自行念仏問答』の最後を、

（問）我尚未レ悟、依二因縁一感二見已心仏一、唯願我以レ譬示給、為二後世一為二資粮一

（答）順二汝願一演二一喩一、譬水中本来有二月性一、雖レ然十五夜月不レ縁已前、不レ見二其月一、然彼空中月縁時見二水月一、此月不思議月、観何以故、水中本月在空中本有故也

と結ぶあたりは、禅林寺の来迎図の弥陀如来が山の彼方に水波に浮んで描かれている理由を説明するかと思われる程である。(7) これらの点から推せば、恵心が弥陀と月とを結びつけて考えていたことは間違いなく、『二十五三昧起請』に「三五夜亦念二無量寿一之夜也」として叡山で菩提講を結縁し、「可下以二毎月十五日夜一修中不断念仏上」と教えたのも至極当然の結果と思われる。

従って、月輪に弥陀を観ずる信仰は、恵心の教えを慕う人々に大きな影響を与えている。例えば、(8) 菩提講の結縁者過去帳に御名を連ね給う花山法皇は、ひとえに「西方の暁月」を念ぜられ、恵心の弟子覚超は常に月輪観を修めて西方浄土に往生し、(9) 恵心の法系を引く延慶は、月輪を描いて枕辺に飾り浄土往生を遂げたといわれているのである。(10)

そしてまた、この信仰はたんに恵心系統の一部の人々の間に限って行われたものではない。往生伝の類には他にも月輪を観じて浄土往生を遂げた人々の数例が数えられるが、[11]「人の心を種として」[12]生れた平安時代の倭歌(やまとうた)も、山の端の月を西方浄土の主尊弥陀如来と同一視する時代人の心情を極めて如実に語っている。『万葉集』の、

世の中は　むなしきものと　あらむとぞ
　此の照る月は　みちかけしける　（第三巻）

隠国(こもりく)の　泊瀬の山に　照る月は
　盈(み)ち虧(か)けしてを　人の常なき　（第七巻）

などという歌からは、奈良時代には、月はその盈虧(えいき)により人生の無常を連想させていたことが明らかに知られるが、続いて『古今集』の、

月見れば　千々に物こそ　悲しけれ
　我身一つの　秋にはあらねど　（第四巻）

の一首なども、平安初葉の人々が月を見て同じく人生の無常をかこったことを至極明瞭に語っている。しかるに恵心の出現した頃の『拾遺集』になると、その月は、

くらきより　くらき道にぞ　入りぬべき
　遥かに照せ山の端の月　（第十巻）

と歌われて、逆に時代人から無常の悲哀を訴えられる傾向となり、恵心も自ら、『続古今集』に、

うらやまし　いかなる空の月なれば
　こころのままに　西へゆくらむ　（第十九巻）

と詠じている。下って藤原後期の歌集を見ると、『金葉集』には、

此のよには　山の端出づる　月をのみ
　待つ事にても　やみぬべき哉　藤原正秀（第九巻）

もろともに　西へや行くと　月影の
　くまなき峯を　たづねてぞこし　僧都頼基（第九巻）

西へ行く　心は誰もあるものを
　ひとりな入りそ　山の端の月　源師資朝臣（第九巻）

あみだ仏と　となふる声に　夢さめて
　西へかたぶく　月をこそ見れ　静厳法師（第九巻）

などとあり、これらの歌から推して、当時の人々が闇夜を照す月影を──特に山の端の満月を──末法の穢土に来迎する弥陀と感じていたことは既に確実といわねばなるまい。さらに『千載集』に至っては、

世をいとふ　心は月を　したへばや
　山の端にのみ　思ひ入るらむ　　法師実修（第十六巻）

というように、月という語を弥陀と同意語に用いつつ「山の端」の月を歌っているのである。西方浄土への憧憬と山の端の月への思慕とが、彼らの心中に混然一体となっているありさまは、ここに歴然たるものがある。同集巻十九には、この種の歌が数首詠まれているが、それらの詞書には「寄レ月念二極楽一といへる心をよみ侍りける」とか「見レ月思レ西といふ事を」などとあって、これによっても平安末期には月を極楽世界への思慕にこたえる浄土の主尊と見るのは既に一般的な常識になっていたことが容易に理解されると思う(13)。

右のように見るならば、金戒光明寺や禅林寺の山越形式の来迎図からわれわれが叡山の満月を夢みるのは、いかにも理由あることといえよう。

かくて筆者は、この種「山越阿弥陀図」の構図を、恵心の思想に基づいて叡山の満月を画因とし、藤原時代念仏信徒の美的信仰生活と自然愛好の精神とに彩られつつ成立した、日本的来迎図様と解釈する(14)。そしてまた、かかる遺品は叡山の菩提講に憧れる信者達の平時念仏の対象になると共に、彼らの臨終に当っても、迎講的行道を演ずる略儀としてしばしばその枕辺に飾られたものと推定する。菩提講の行われる叡山のその満月を偲ばせる「山越阿弥陀」は、死の床に来迎を待つ信徒にとって、いかばかり有難い往生の扶持であったろう。来迎図は恵心がその感見したところに基づいて描き始めたという記事は多くの書物に見えているが、もしも恵心が自ら感得した来迎の光景を真に描いた事実があったとすれば、それこそまさにかかる来迎図様だったのではあるまいか。

（1） 第六節参照

（2） 来迎図には紅葉せる樹木を描き添える事が極めて多く、その木々は高野の大作・鳳凰堂壁画・興福院・禅林寺の秀作などに果敢ない人生を象徴するかのごとくであるが、この図の紅葉もまたその一例に他ならない。

（3） 現在は、風景の部分の彩色が大部うすれており、それに較べて阿弥陀三尊の金色がかなり強い印象を与えるために、月夜というにはやや明るすぎるかの感もある。しかし、彩色の鮮かだった当初の状態を想像すると、この図からもやはり「山の端の満月」が連想されたことと思う。

（4） 例えば『続本朝往生伝』大江定基の往生を記す条に「笙歌遥聴孤雲上、聖衆来迎落日前」とある。（既に豊岡益人氏もこの点を指摘しておられる。）

（5） 『吾妻鏡』安貞三年（一二二九）二月二十一日の条、

彼岸初日、天霽風静、於二三崎海上一、有二来迎之儀一（中略）荘厳粧映二夕陽之光一、伎楽音添二晩浪之響一也

（6）この要文は法華寺の弥陀画像の色紙形にも記入されており、当時は有名な一句であった。（第八節註（7）参照）

（7）禅林寺の来迎図の下部に四天王の描かれていることは、この図様が純然たる浄土教画以外の要素をも含んでいることを示し、上隅の阿字を記す円輪はあるいは「自観」「月輪観」と関連あるのかとも思われる。そしてまた二人の持幡童子が描かれていることは、恵心のもとに阿弥陀如来の来迎する前に、兜率天から二童子が飛来したと伝えられる点（『本朝法華験記』巻下、恵心の条）などをも連想させる。

（8）『首楞厳院二十五三昧結縁者過去帳』の花山法皇の条に「爰仙俗骨、共契二東山之暮雲一、聖霊凡聖、同期二西方之暁月一」とある。

（9）『続本朝往生伝』の権少僧都覚超の条に「常修二月輪観一曰、胸中常冷、修二此観法一故也、（中略）臨終正念念仏而終」とある。

（10）『続本朝往生伝』の阿闍梨延慶の条に左のごとく記している。

又画二月輪一安二於枕上一、其年臘月令三弟子道円上人問二郷音一、有レ人答曰、狭夜深氏何方賀月之西倍行云々、道円釈曰、西方往生之相也、十五日以後月称二晨月一若十四日可二遷化一歟、自二十三日夕一病已大漸、謂レ人曰、有レ光如二月輪一現二於枕上一

（11）例えば左のごとき数例が挙げられる。

『日本往生極楽記』「延暦寺僧明請の条」　又語二静真一曰、眼前之火漸滅、西方之月微照、誠是弥陀引接之相也

『続本朝往生伝』「藤原兼経卿妻の条」一生之間偏修二念仏一、（中略）臨終之時、異香満レ室、自謂レ人曰、見二満月来照一乎、大成二歓喜之想一而気絶

『高野山往生伝』「宝生房教尋の条」于レ時上人合掌頌曰、（中略）昔法照禅師之逢二生身一、告レ往二生於西方浄土之月一（下略）

『高野山往生伝』「澄賢の条」只懸二思於水上之蓮一禅観久積、遥通二望於雲西之月一、終焉之暮、念仏逝去

『撰集抄』巻四　かかる所に身一つかくすべき庵引結び、左のはたの月輪より香の煙細くそびき、空には紫雲の種をまき、念仏の声閑にして、西に聖衆の迎を待てをはしましけるが（下略）

(12)『古今集』序

(13) 藤原末期の一般の人々の信迎や趣味をよく反映し、鎌倉時代人に好んでくちずさまれた『梁塵秘抄』にも「弥陀の御顔は秋の月」の一句が見える。

(14) 浄土教の発展とともに浄土三部経が特に重要視されるに至ると、始めは主として山の端の月を画因として生じた山越来迎図は、日想観とも密接に結びつくことになり、後には「山越阿弥陀」は西日と関連して解釈された場合も少なくなかったことと思う。

十二

山越形式の来迎図のうち、第一類、すなわち金戒光明寺や禅林寺の蔵品のごとき単純な構図の遺品については、以上のように考えられるが、それでは第二類、すなわち、京都国立博物館の蔵品や川崎家の旧蔵品のごとき、さらに複雑な図様のものはいかなる意味を持つのであろうか。これらについては以上とは多少異なった解釈を要しよう。

まず鎌倉後期を遡らぬ川崎家旧蔵の図（図15）を眺めると、弥陀の姿は禅林寺のに似ているが、十体の菩薩が山間を進んで来て画面下隅の一屋に来迎する部分は、第一類の作例には見受けられない図様である。臨終の信徒の家に聖衆が来迎する光景は、既に観経変相図の下辺や鳳凰堂の壁画にも描かれているけれども、この図の山間を列をなして奏楽して来る菩薩の姿態は、それらの幻想的図様に比して一段と現実的な趣があって、紫雲に乗って飛来するというよりも、むしろ山間を踱り降るという感じがする。すなわち、この図の上半部からは「山の端の月」が連想され、それと同時に下半部からは、あの迎講の感激的光景をも偲び得るかと思われる。屋前に跪く観音や勢至の姿は、筆者に当麻寺の練供養で二十五菩薩が娑婆屋に至った瞬間を思い出させるものがある。(1)

しかるに、これがたんなる臆測でないことを次に引く『今昔物語』の二つの説話がいかにも興深く証明する。その一つは同書巻二十の第十二話「伊吹山三修禅師得㆓天狗迎㆒語」である。

今は昔、美濃国に伊吹の山と云山あり、其の山に久行ふ聖人有り、心に智(さと)り無して、法文を不㆑学ず、只弥陀の念仏を唱より外の事不㆑知、名は三修禅師とぞ云ける、他念無く念仏を唱て、多の年を経にけり、然る間夜深く念仏を唱へ仏の御前に居たるに、空に音有て聖人に告て云く、汝懃に我に憑(たの)めり、念仏の員(かず)多く積りにたれば、明日の未(ひつじ)時に我れ来て汝を可㆑迎し、努々(ゆめゆめ)念仏怠る事無かれ、と、聖人此音を聞て後弥(いよい)よ心を至て念仏唱て怠る事無、既明る日に成ぬれば、聖人沐浴し清浄にして香を焼き花を散て、弟子共に告て、諸共に念仏を唱へて、西に向て居たり、然る間未時下る程に西の山の峰の松の木の隙より、漸(ようやく)耀き光る様に見ゆ、聖人此を聞て弥よ念仏を唱て、掌を合て見ば、仏の御頭指

図15　山越阿弥陀図(川崎家旧蔵)

出給へり、金色の光を至せり、御髪際は金の色を磨けり、眉間は秋の月の空に耀くが如くにて、御額は白き光を出せり、二の眉は三日月の如し、二の青蓮の御眼見延て漸月の出が如し、又様々の菩薩微妙(めでたき)音楽を調て貴事無レ限し、又空より様々の花降る事雨の如し、仏の眉間の光を差して、此聖人の面を照給ふ、聖人他念無く礼入て、念珠の緒も可レ絶し、然る間紫雲厚く聳(そびえ)て庵の上に立ち渡る、其時に観音紫金台を捧て、聖人の前に寄り給ふ、聖人這寄て其蓮花に乗ぬ、仏聖人を迎取て、遥に西に差て去り給ぬ、弟子等此を見て念仏を唱て貴ぶ事無レ限し（下略）

この説話は、そのままこの図の解説とも見られる程で、ことに弥陀の相貌を月に譬えているのなどは、筆者の想像と全く一致する点である。そして右の記述を読みながらこの図を見ると、われわれはただの宗教的幻想というよりも、山越形式の迎講が実際演ぜられているのではないかという印象をうけるのだが、その点について、同じく『今昔物語』がさらに注目すべきもう一つの説話を載せている。同書巻十九第四の「摂津守源満仲出家語」と題する恵心と源満仲に関する話がそれである。これは、満仲の子源賢が父の殺生を歎き横川の恵心にその旨を訴え、父を信心深い人にしてくれと懇望したのに応じて、恵心が種々の策をめぐらして遂に満仲を道心堅固の信徒にしたという話であるが、その中に、

又の日此の聖人達云ひ合する様、此く道心発したる時は、狂ふ様に何(いか)に盛に発(おこり)たらむ、

此の次に今少し令レ発、とて、兼て若し信ずる事もや有とて、菩薩の装束をなむ十具許令レ持たりける、只笛笙など吹く人共を少々雇たりければ、(2)隠の方に遣して菩薩の装束を著せて、新発の出来して道心の事共云ふ程に、池の西に有る山の後より笛笙など吹て、面白く楽を調へて来れ、と云ひたれば、楽を調へて漸く来たるを、新発、此は何の楽ぞ、と恠しめば、聖人達不レ知ず貌にて、何くの楽にか有らむ、極楽の迎へなど来るに此様にや聞ゆるらむ、念仏唱へむ、と云て聖人達並に弟子共十人許、諸音に貴き音を以て念仏を唱ふれば、新発手を摺り入て貴ぶ事無レ限し、然る間、新発居たる障子を曳開て見れば、金色の菩薩金蓮華を捧て漸く寄り御す、新発此れを見付て音を放て泣て、板敷より丸び堕て礼む、聖人達も此れを貴礼む、菩薩楽を引調べて返ぬ

という部分がある。これは正しく「山越迎講」とでも称すべきもので、上来述べたところと思い合すと、恵心がかかる迎講を行うのはいかにもあり得ることと思う。恵心が果してそれを行ったかどうか、その詮鑿は別としても、この説話から考えて、少なくとも藤原後期にこの図に見るような一種の「山越迎講」が演ぜられていたことは、ほとんど疑い得ないであろう。

されればわれわれはいまここに、川崎家旧蔵の来迎図（鎌倉後期頃の作。図15）に見るごと

き構図は、藤原後期に行われた山越迎講の実況に関連して、第一類の山越来迎図様や観経変相図下辺図様などを総合しつつ、藤原末期か鎌倉初期に成立したと解釈してもおそらく大過ないのではあるまいか。

さて次に、京都国立博物館蔵の秀作は、川崎家旧蔵の山越来迎図より、いくらか古い制作と見られるが、その構図はかの図よりもむしろ一段と理想化、洗練されている。迎講に使用される弥陀立像(3)と同形の弥陀如来が、山の端の満月を偲ばせながらも、われわれに向って、優しく静かに動いて来る。弥陀の左右に奏楽する聖衆もまた——これより遥か時代の下る作ではあるが——当麻寺の迎講に使用されるあの菩薩面(4)を連想させるものがある。弥陀の慈光が山間に映え紫雲麗わしく流れ寄る、この素晴しい光景は恵心の作と伝える『来迎和讃』に、

臨命終の時至り　　正念たがはで西にむき
頭をかたぶけ手を合せ　　いよ〳〵浄土を欣求せん

図16　山越阿弥陀図(京都国立博物館)

きけば西方界の空　　　伎楽歌詠ほのかなり
みれば緑の山の端に　　光雲はるかにかがやけり
（中略）
光雲漸く近づきて　　　瞻仰すれば阿弥陀尊
相好円満し給ひて　　　金山王の如くなり

と唄われる劇的場面そのものと評すべく、山越来迎図はこの図に至ってその構図的発展の極致に達したかと思われる(5)。この図の弥陀や聖衆こそ、浄土教文化華かなりし古の恵心の思想や迎講とわが来迎図との極めて密接な関連を無言の裡にささやいているのであろう(6)。

（1）第一・二・三節参照

（2）迎講をするために特に舞人楽人を呼んだり、また特に装束を作った例のあることは既に述べた通りであって、この場合もまたその一例なのである。（第三節註（2）および第四節参照）

（3）兵庫・浄土寺阿弥陀如来立像（裸形。図11）はその一例。（第四節註（2）参照）

（4）第一節および第四節註（2）参照。ちなみにこれら菩薩面は近世の作とされている。

（5）浄福寺の山越聖衆来迎図もまたこの系統の秀作である。

（6）最後に、本稿に筆者の試みた推論の結果を極く簡単に表示すると左のごときものとなる。

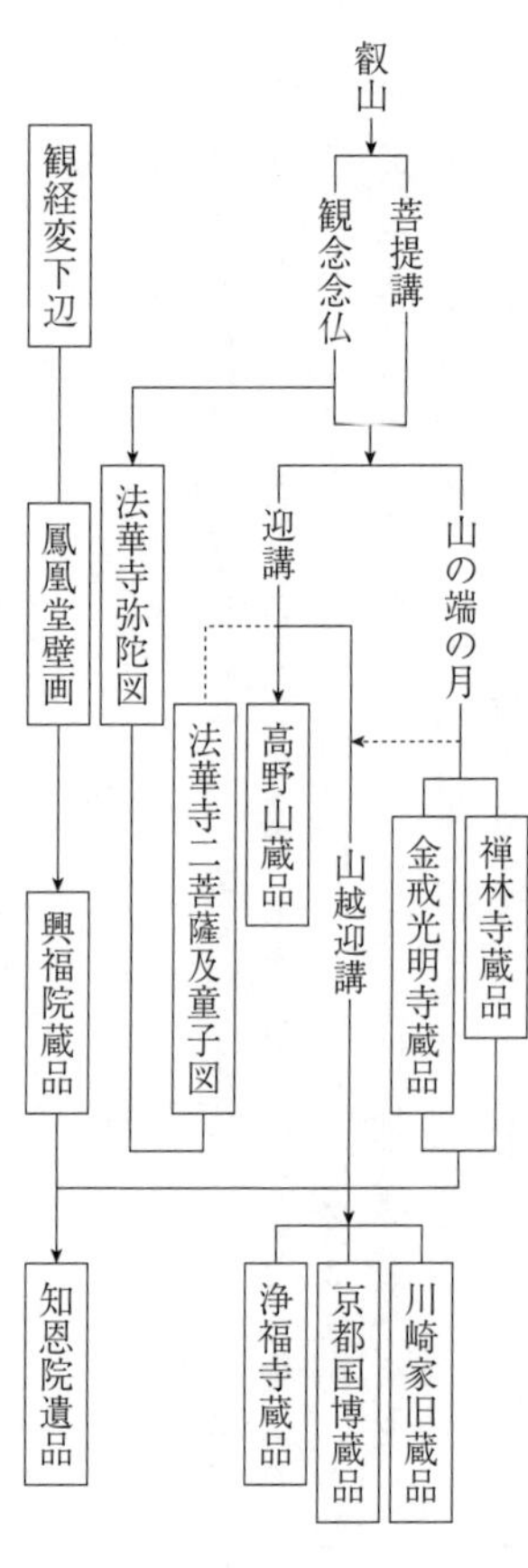

以上十二節にわたって、迎講という一種の宗教演劇を紹介し、その思想的背景となった恵心の観念念仏を説明し、さらにそれら迎講と観念念仏との新しい二つの観点から、現存する来迎図の代表的秀作数点について論じてみた。顧みて二、三訂正増補すべき箇所もあるが、来迎図の解釈と観賞の方向に関しては従来より幾分か明瞭にすることができたと思う。大方の御叱正を仰ぎ、さらに今後の調査によって他日再び推論を試みたいと願う次第である。なおまた、本稿中に説き及び得なかった来迎図秀作についてはいずれ別の機会を待つこととする。

十界図考

わが国の浄土教の絵画としては、観経変相図・来迎図・六道絵・二河白道図および十界図などが知られている。そのうちで前の四については先学の論考によりその内容がほぼ明らかにされているが、わが十界図に関しては意外に不明な点がある。されば、本稿においては、わが国の十界図として最も有名な滋賀県聖衆来迎寺の十五幀を中心に、京都市禅林寺・奈良県当麻寺奥院の二点をもあわせ考え、十界図に関する画題検討を試みて、大方の御叱正を仰ぐこととする。

一　聖衆来迎寺十界図に関する寺伝

聖衆来迎寺十界図は寺伝に、円融天皇が『往生要集』を披覧し給い、叡感の余り恵心に命じて金岡に図絵せしめられたもので、紫宸殿に安置されたが、その物恐しい絵相から夜ごとに鬼啾（きしゅう）が聴こえたために、遂に恵心に返還されたといい、始めは全三十幅一揃のものであったが、信長の叡山焼討に際し、その半ばを焼失し、十五幅のみが罹災を免れて聖衆来迎寺に伝えられたと説いている。そして、同寺の『六道絵相略縁起』(1)も、

抑当寺十界之絵相の来由を奉レ尋に、恵心僧都永観二年往生要集を撰玉ひ、唐土に渡し玄宗皇帝の叡覧ニ達せしに、普く四明学者を勅して、往生要集を講談せしめ玉ふ時に、帝玉冠を傾玉ひ、其等聴聞之臣等道俗へ綸命して、東に向ひて日本小釈迦源信如来と謹で三拝なさしめ玉ふ。依而異朝まで念仏弘世の道師と申は此故なり。我朝にてハ人王六十四代円融院法皇に奉ニ備ヘ一に、叡覧深く信受し玉ひて、末代女御后妃のためにと、此絵相を画かし玉ひて、則三十幅にあらはし玉ふ。然るに惜むべし上四聖界十五幅ハ元亀の兵火に焼失す。残る所の下六道の分十五幅は、当寺に収りて今に什宝たり、嗟嘆娑婆にてつくる罪科の応報此絵相に現然たり。諸人恐るべし謹むべし。尚委くハ往生要集に見へたりト而云

と語っている。すなわち、右によれば、現存する一群の絵画は、

1 (作者)円融院の勅により恵心指図の下に金岡が描いたこと
2 (内容)『往生要集』に基づく十界図の一部としての六道絵なること
3 (伝来)もとは三十幅で叡山にあったが、元亀の兵火で四聖界十五幅を焼失、残余十五幅が聖衆来迎寺に伝えられたこと

が知られるが、この寺伝は果してどの程度まで信じ得るのであろうか。作品自体について説く前に、まず、右の三項を逐次略考してみよう。

この一群の絵画に関しては江戸時代の鑑画家が多くの画書中に言及しているが、中には寺伝に対する批判と見るべきものが少なくない。仮りに『考古画譜』の記載によって諸説をみると、

十界図　十五鋪

古画目録云、十界図、金岡筆と云伝ふ、非二金岡筆一、行秀歟、近江国坂本来迎寺蔵

好古小録云、来迎寺十界図伝云、三十幅、今存者十五幅、僧恵心の結構にして巨勢金岡所レ画と云、道風真蹟の和漢朗詠集と伯仲す。蓋恵心は是にして金岡は非なり。此図中古の製可レ考事多し

安斎随筆云、十界図、原三十幅也。其内、四聖界図十五は、元亀の乱に、比叡山にて焼失す。六道絵十五幅は、今に伝へて近江国坂本村来迎寺に有レ之。円融院の御代、恵心僧都往生要集を撰みて　叡覧に備へしかば、御感の余りに、其書の事相を絵に写し女御后妣の為にすべき旨、画工に命ぜられ、僧都の指南を受て図画せりと。其図賛は僧都の筆也、絵は巨勢金岡と云伝へたれども、時代相違せり

倭錦云、巨勢弘高、十界十五幅、賛、恵心僧都、江州坂本来迎寺什物

躬行曰、采女正金岡は寛平延喜中の人、恵心は寛仁元年化せり、弘高は深江の男、長保寛弘中の人、僧都同時といふべし、光秀は刑部大輔吉光の男、元享頃の人なり、今伝ふる所の図、甚古からず見ゆ、図賛は楷あり草あり、又色紙のみを画きて、賛辞をかかぬもの一二見えたり

元幹曰、巨勢弘高所レ画歟（下略）

と記されている。これによれば、聖衆来迎寺十界図に対する江戸時代鑑画家の論議は主として作家の問題に集中されたことが知られよう。躬行や安斎が指摘しているごとく、九世紀後半に霊腕を揮った金岡が永観二年（九八四）に成った『往生要集』を絵画化したという寺伝の不合理なことはいうまでもなく、[2] 恵心の『要集』をこの図の典拠として認めるとすれば画家を金岡というのは誤りであり、逆に金岡筆を認めるならば寺伝の中心をなす『要集』が抹殺さるべき事もちろんである。この点については鑑画家は、一様に金岡筆を否定して、あるいは弘高といい、あるいは行秀、光秀を主張して、『要集』がこの図の思想的典拠なることを認めている。このように、この図の画家に関しては、寺伝は全く信じ難いが、つぎに画題についてはどうであろうか。

文化四年（一八〇七）版の『来迎寺霊宝目録』はこの図を「十界図、六道分、十五幅」といい、『来迎寺年代記』の文政七年（一八二四）三月十四日の条もこの図の模本を「六道

之新絵相[3]」と呼んでいるから、聖衆来迎寺では早くから現存する十五幀をもって十界図中の六道分と認めていたことは明らかである。一方、江戸時代の鑑画家もやはり四聖界図の不足には気付いていた。例えば、『古画備考』の広貴の条に、

梅泉曰、金岡所レ作十界図、所二現存一、自二地獄界一到二天上界一而已、自二声聞一以上似二不レ足者一、或曰、修羅界中之軍器、有下出二金岡之後一者上、恐弘高之所レ図

（中略）

余按、図中有下加二綾藺笠於冑上一者上、綾藺笠者散二見鎌倉氏前後之図一、未レ知二其製作之年月一、姑俟二博古君了一、蓋此十界図、恐六道之図也、為二十界一則闕二四界一、為二六道一其幅自全

とあり、梅泉[4]も興禎もともに現存するのが地獄界より天上界に至る六道のみであると述べている。そして、この場合、興禎が「これらの図は十界図ではなく現在の十五幅で自ら完備した六道絵だ」と鑑ているのは、なかなか傾聴に価する。なぜならば、寺伝はこの図を十界図なりとし、恵心の『往生要集』に基いて描かれたと強調し、『好古小録』『安斎随筆』『倭錦』なども等しくそれに賛意を表しているが、『要集』は、地獄・餓鬼・畜生・阿修羅・人・天の六界（すなわち六道）については、開巻第一にそれぞれの段を設けて解説しているけれど、声聞・縁覚などの聖界に関しては別に説明してはいないのである[5]。換言

すれば、これらの図が『要集』を典拠として描かれている以上、四聖界図は始めから存在しないのがむしろ自然なようであり、逆にこれらの図に四聖界図が加わっていたとすれば、それが『要集』に基いて作画されたということは疑われてくるのである。従って、聖衆来迎寺十界図に関する寺の伝えは、画題についても大きな矛盾を抱蔵している。(6)

それでは、つぎに、本図の伝来に関してはいかがであろう。

聖衆来迎寺は、延暦九年(七九〇)最澄の草創に係わり、長保三年(一〇〇一)恵心も来って水想観を修めたといわれるほどの名刹である。従って、この十界図十五幀が古来同寺に伝えられたか、もししからずとも、所伝不明のものならば、寺僧はこの什宝をことさらもと叡山にあったとことわることはあるまいと思う。寺伝が叡山にあったという以上、この図は聖衆来迎寺に伝わる以前に既に叡山の霊宝として一般に知られていたと見るべきで、これは寺伝の正しいことを信じ得る。しかしながら、もとは全三十幅一揃だったが、元亀二年(一五七二)の兵火に罹り四聖界図十五幅を失ったという点は、一応考えてみる必要がある。十界図の典拠とされる『要集』が六道を説いて十界を強調せず、興禎が現在の十五幀を以て「自ら全し」と評したことを思うと、この図が果して四聖界図を失った残余の十五幀であるか、それともまた、始めから現在の十五幀をもって完備したものであるかは、当然問題になってくる。この点に関連して、『二水記』大永五年(一五二五)三月の

条に注目すべき記載がある。(7)

十五日、午時参内、比叡山一谷霊宝幷六道絵十五幅及レ被レ見候処、金岡筆畏礼了

『二水記』の筆者鷲尾隆康は、信長が叡山を焼く四十六年前、金岡筆と伝える叡山の六道絵十五幅を宮中で畏れ拝しているのである。彼の見た六道絵十五幅は聖衆来迎寺の十界図十五幀か、あるいはまた、叡山には別に霊宝と謳われる六道絵十五幅を伝えていたのか、今日遽(にわ)かに決定することは困難だが、ともあれ、聖衆来迎寺十界図に関する寺伝には、その伝来についても、なお未だ疑いの余地が残されている。

以上において、聖衆来迎寺十界図の寺伝と、それに対する疑問を述べた。次には、右の疑問を心にとめながら現在の十五幀そのものについて、各図の図様が『要集』の記述といかなる関係にあるかを考えよう。

(1) 版本、江戸後期のものと思われる。
(2) 『六道絵相略縁起』が、恵心の『要集』を玄宗が見たといっているのは、時代の矛盾さらに一層甚だしい。
(3) 次節註(2)参照
(4) おそらくは白井華陽であろう。
(5) この点については後に述べる。

(6) ちなみに、大陸の遺品によれば、十界図とは普通には五趣生死輪図に基づいて、それをやや大規模にしたもので、『天笠別集』第二および『仏祖統記』第五十などに載せられたものを指すといわれている。『仏祖統記』所収の図には、大円輪の内に一個の小輪を作り、これに地獄・餓鬼・畜生・修羅・人間・天上・声聞・縁覚・菩薩・仏の十界の相を描き、十界は一心より生ずることを示したものとされている。『修禅寺相伝口決』巻二に、南岳が伝えて智者に与えたと記す十一面観音像は「頭上面ノニハ図ス二十界ノ形像ヲ一」といわれるが、それはおそらくかかる簡単な図様であったと思われる。聖衆来迎寺十界図はそれとは到底比較にならぬ複雑な図様である。

(7) この記載は福井利吉郎教授も既に『絵巻物概説』中に指摘しておられる。

二　聖衆来迎寺十界図中の六道絵

聖衆来迎寺十界図に関する寺伝の中心は、要するに、それが恵心の『往生要集』に基づいて計画されたという点にあるが、江戸時代の寺僧はもとより当時の鑑画家も一人としてそれを疑った者はなかった。現にこの図の色紙形の題辞はすべて『往生要集』によって記されたといわれているし、寛文八年（一六六八）にこの図の要所に説明の貼紙をした(1)時も、その文辞はほとんど同書から引用されていたのである。(2) 従って、各図の図様が『要集』の記述と密接な関係にあることは、既に確実といわねばなるまい。しかし、聖衆来迎寺の寺伝には前述のごとく少なからぬ疑を生ずる余地があるから、現存する十五幀の各図について、あらためて『要集』との関係を検討することもあながち無意義なものとは思われない。従って、本節と次節とにおいて、煩を嫌わず、現存する十五図の画題について略考することとする。

恵心は『往生要集』にわれわれのごとき末世の凡夫は複雑難解な顕密の教えを修めることは困難だから、簡明平易な念仏門に帰するがよいと主張して、全三巻を、「厭離穢土」「欣求浄土」「極楽証拠」「正修念仏」「助念方法」「別時念仏」「念仏利益」「念仏証拠」「往生諸行」「問答料簡」の十項目に分け、彼の所信を述べている。その中で現在の十界図と最も関係が深いのは、第一の「厭離穢土」の項である。何故ならば、恵心はその項で、等活地獄以下の八大地獄を始め餓鬼・畜生・阿修羅・人・天の各道の苦悩を至極明細に叙述しており、今問題の十五幀はそのうち十二幀までが、六道受苦の図であって、ほとんどすべて『要集』のこの項に基づいて制作されているからである。恵心はいう、

大文第一に厭離穢土とは、夫れ三界は安きことなし、最も厭離す可し。今其の相(すがた)を明さば、総て七種有り。一には地獄、二には餓鬼、三には畜生、四には阿修羅、五には人、六には天、七には総結(むすび)なり。第一に地獄にも、亦分つて八と為す。一には等活(とうかつ)、

二には黒縄、三には衆合、四には叫喚、五には大叫喚、六には焦熱、七には大焦熱、
八には無間なり

と。以下、聖衆来迎寺十界図中の六道絵について彼の厭離穢土の叙述に従い、簡単に説明を試みよう。

等活地獄図

画面は地獄の門と塀とで上部と下部とに二分されるが、上は地獄の内部を意味し、下はこの地獄に付属する種々の苦難処を意味している。まず内部の苦相を見る。『要集』に、

初に等活地獄とは、此の閻浮提の下、一千由旬に在り。縦広一万由旬なり。此の中の罪人、互に常に害心を懐けり。若し適々相ひ見れば、猟者の鹿に逢へるが如し。各々鉄爪を以て、互に爴み裂く。血肉既に尽いて、唯残骨のみ有り。或は獄卒、手に鉄杖、鉄棒を執つて、頭より足に至るまで、遍く打ち築くに、身体破れ砕くること、猶し沙揣の如し。或は極めて利き刀を以て、分分に肉を割くこと、廚者の魚肉を屠るが如し。涼風来り吹き、尋いで活くること故の如し。欻然にして復た起き、前の如くに苦を受く。或は云はく、空中に声有つて云ふ、此の諸の有情、還た等活す可し、と。或は云はく、獄卒、鉄叉を以て地を打ち、唱へて活々と云ふと。是くの如き等の苦、具に述

ぶ可からず。人間の五十年を以て、四天王天の一日一夜と為して、其の寿五百歳なり。殺生せる者、四天王天の寿を以て、此の地獄の一日一夜と為して、其の寿五百歳なり。此の中に堕つ（下略）

という恐るべきありさまを、そのまま忠実に描いており、互いに爴み裂く罪人どもの姿の描き方や、「活々」と叫ぶ獄卒の衣文の彩色など、いかにも巧みな出来である。つぎにこの獄門の下の光景を眺めると、それは恵心が「此の地獄の四門の外に、復た十六の眷属別処あり」として説く、種々の別処の中の第二刀輪処・第五闇冥処・第七極苦処をあらわしたものと思われる。獄門の右下、鉄壁の内部で猛火に悩む罪人を写した場面と、同じく獄門の左下、刀林中を獄卒に追われて逃げ迷う亡者を描く部分とが刀輪処で、『要集』はそれを、

二には、刀輪処。謂はく、鉄壁周り匝（めぐ）って、高さ十由旬なり。猛火熾（さか）んに然（も）え、常に其の中に満てり。人間の火は、此に比ぶるに、雪の如し。纔（わず）かに其の身に触るるに、砕くること芥子の如し。又熱鉄を雨（ふ）らすこと、猶し盛んなる雨の如し。復た刀林有り、其の刃極めて利（するど）し。復た両刃（もろはのつるぎ）有り、雨の如くにして下る。衆苦交々至つて、堪忍ぶ可からず。昔、物を貪つて、生（いきもの）を殺せる者、此の中に堕つ

と述べている。瓫熱（がねつ）処は刀輪（とうりん）処の右下方にあらわされ、

三には、瓮熱処。謂はく、罪人を執つて、鉄の瓮の中に入れ、煎り熟すこと豆の如し

という場面を示している。瓮熱処の左に続くのは闇冥（あんめい）処、画面下端は極苦（ごくく）処を意味するらしく、『要集』によれば、

> 五には、闇冥処。謂はく、黒闇の処に在つて、常に闇火の為に焼かる。大力の猛風、金剛山を吹いて、合せ磨り合せ砕くこと、猶し沙を散らすが如し。熱風に吹かるること利き刀の割くが如し

とか、

> 七には、極苦処。謂はく、嶮しき崖の下にあつて、常に鉄火の為に焼かる

などと説かれている。すなわち、画面下半は『要集』の記す十六別処を適宜省略してはいるが、大体において、恵心の説に基いていることは明瞭である。画面右上隅の色紙形題辞は、

> 等活地獄者在於此閻」浮堤之下一千由旬縦広」一万由旬以人間五十年」為四天王天一日一夜其」寿五百歳以四天王」天寿為此地獄一日一」夜其寿五百歳殺生」者堕此中

と読まれるが、これは全く『要集』に拠って、等活地獄の位置や広さとそこにおける時間の観念およびこの獄に堕ちた者が現世で犯す罪科の種類を説いたもので、罪人共がそこでうける種々の苦相の説明はすべて略して、その詳細を絵画自体に語らせている。(3)

黒縄地獄図

地獄の門と塀とで画面が上下の二部分となり、上が地獄の内部を意味し、下が外部をあらわすことは、等活地獄の場合と同じだが、前図に比して内部の様子が一段と詳しく描かれ、図様は全く『要集』の記述に基づいている。同書によって地獄の内部を説明しよう。

二に黒縄地獄とは、等活〔地獄〕の下に在り。縦広前に同じ。獄卒、罪人を執つて、熱鉄の地に臥せ、熱鉄の縄(すみなわ)を以て、縦横に身に拼(すみう)ち、熱鉄の斧を以て縄に随つて切り割る。或は鋸を以て解(きりはな)ち、或は刀を以て屠り、百千段と作して、処々に散らし在(お)く。又熱鉄の縄を懸けて、交へ横たへたること無数なり。罪人を駆つて、其の中に入らしむれば、悪風暴く吹いて、其の身に交へ絡まり、肉焼き骨を焦して、楚毒極り無し。又、左右に大鉄山有り。山の上に各々鉄幢を建て、幢の頭に鉄縄を張り、縄の下に多く熱せる鑊有り。罪人を駆つて、鉄山を負はせ、縄の上より行かしめ、遥かに鉄の鑊に落して、摧(くだ)き煮ること極まり無し、(中略)人間の一百歳を以て、忉利天の一日夜と為して其の寿一千歳なり、忉利天の寿を以て、一日夜となして、此の地獄の寿一千歳なり。殺生、偸盗せる者、此の中に堕つ

古き地獄絵の中には種々の経典に基いて作画されたものがあったけれども、この図が、全く『要集』によってのみ解釈できるということは、右の引文と本図とを対比してみれば明

らかである。(4)さて、黒縄地獄の門外は、右、等喚受苦処、左、畏鷲処を表わすが、両処共同じく恵心が黒縄地獄の二別処として、次のように述べる処である。(5)

> 復た異処有り、等喚受苦処と名づく。謂はく、嶮しき崖の無量由旬なるに挙げ在き、熱炎の黒縄をもつて束ね縛り、繋ぎ已つて、然して後之を推し、利き鉄刀の立てる熱地の上に堕す。鉄炎の牙狗の噉み合ふ所となる。（中略）復た異処有り、畏鷲処と名づく。謂はく、獄卒、杖を怒らしかして急に打ち、昼夜に常に走り、手に火炎の鉄刀を執り、弓を挽き箭を弩へ、後に随つて走り遂ひ、斫り打つて之を射る（下略）

この図は等活地獄図に較べて、画面の大きさも画絹の性質もほとんど同じと思われるが、亡者の肉体を描く墨線や地獄の岩石の輪廓線には、前図とは明らかに違う筆致が認められ、描線は前図に比して、かなりに劣るようである。しかし、子細に見ると、所々に下描きのごとくに巧みな墨線が存在し、前図と共通する描線もうかがわれる。従って、両図は画家が違うというよりも、むしろ、本図のいたみが激しかったために、後世に補筆が多く施され、その結果、画趣にかなりの相違を来したものと思われる。補筆以外にも獄門の描写形式や岩石の描き方に違いがあるのは事実だが、それも、両図が全然別人によって描かれたことを示すのではなく、おそらくは部分的に異筆が混じったことを語っているのではあるまいか。画面右上隅の色紙形には、前図とは異なった書体で、(6)

黒縄地獄者在等活下縦」広一万由旬以人間一百」歳為忉利天一日夜其寿」一千歳以忉利天寿為一」日夜此地獄寿一千歳殺」生偸盗之者堕此中

と記している。題辞の筆者は等活地獄の場合とは明らかに別人だが、地獄の位置・広さ・時間・罪人などを記すのみで、苦相は絵画自身に語らせるという書き方は、前図と全く揆を一にする。ただし、この場合『要集』の原文が、地獄の広さを「縦広同前」と記すのを「縦広一万由旬」と改め記したのは、いかにも適切な改訂で、そこに題辞筆者の周到な心づかいが窺われる。

衆合地獄図

前二図と同じ構図法で、『要集』の所説を極めて忠実に図絵している。引文が多少長くなる嫌いはあるが、しばらく『要集』によって、本図の図様を眺めよう。

三に衆合地獄とは、黒縄〔地獄〕の下に在り。縦広前に同じ。多く鉄山有つて、両山相対す。牛頭馬頭の諸の獄卒、手に器杖を執り、駆つて山の間に入らしむ。是の時に、両山迫り来つて合せ押すに、身体摧け砕け、血流れて地に満つ。或は鉄山有つて、空より落ち、罪人を打つて、砕くこと沙揣の如し。或は石の上に置き、巌を以て之を押し、或は鉄臼に入れ、鉄杵を以て擣く。極悪の獄鬼、并に熱鉄の師子、虎、狼等の諸獣、烏、鷲等の鳥、競ひ来つて食ひ噉む。又、鉄炎の嘴鷲、其の腸を取り已つて、樹の頭に掛け在き、之を噉み食ふ。彼に大なる河有り、中に鉄鉤有つて、皆悉く火に燃ゆ。獄卒罪人を執り、彼の河の中に擲げて、鉄鉤の上に堕す。又彼の河の中に、熱せる赤銅の汁有つて、彼の罪人を漂はす。（中略）又復た獄卒、地獄の人を取つて、刀葉の林に置く。彼の樹の頭を見れば好端正厳飾の婦女有り。是くの如く見已つて、即ち彼の樹に上るに、樹の葉刀の如くにして、其の身の肉を割き、次いで其の筋を割く。是くの如く、一切の処を劈き割いて、已に樹に上ることを得已り、彼の婦女を見れば、復た地に在り。欲の媚びたる眼を以て、上に罪人を看、是くの如き言を作す、汝を念ふ因縁をもつて、我此処に到れり、汝今何故ぞ、来つて我に近づかざる、何ぞ我を抱かざる、と。罪人見已つて、欲心熾んに盛え、次第に復た下るに、刀葉上に向つて利きこと、剃刀の如し。前の如く遍く一切の身分を割き、既に地に到り已れば、彼の婦女復た樹の頭に在り。罪人見已つて、復た樹に上る。是くの如く無量百千億歳、自心に誑かされて、彼の地獄の中に、是くの如く転り行き、是くの如く焼かるること、邪欲を因と為るなり。（中略）人間の二百歳を以て、夜摩天の一日夜と為して、其の寿二千歳なり。彼の天の寿を以て、此の地獄の一日夜と為して、其の寿二千歳なり。殺生、偸盗、邪婬を〔犯〕せる者、此の中に堕つ図様は右の記述を精密に、構図しており、往時の善男善女が、寺僧の指さすあとをたどって、この世の罪科の報いに恐れ戦いた面貌が連想せられる程である。門外は、例によって、この地獄の別処であり、右側上部に悪見処、下部に忍苦処、左側に多苦悩処を描いている。今、その一々の説明は省略するが、恵心は『正法念経』の所説を採り「此の大地獄に復た十六の別処有り」といいながら、わずかに、悪見処・多苦悩処・忍苦処のみを説き、「余は経に説くが如し」と略説していることを思うと、ちょうどその三別処だけを描くこの図が、同書に拠って構図されたということは一層明瞭になるであろう。色紙形題辞は、等活地獄と同じ書体で、

衆合地獄者在黒縄下」広一万由旬多有鉄山両」両相対以人間二百歳」為夜摩天一日夜其寿」二千歳以彼天寿為此」地獄一日夜其寿二千歳」殺生偸盗邪婬之者」堕此中

と読まれ、前二図のごとく、この地獄の位置・広さ・時間・罪人などを記し、苦相は絵画自身に語らせている。ただ、鉄山が相対するというこの地獄の特徴を記した点だけが違っている。

右の三図を図様の配置や筆のはたらきによって比較すると、衆合地獄図が最も優れ、等活地獄がそれに次ぎ、黒縄地獄はやや劣る。そして岩石の描法などにはそれぞれ多少の相異があるが、三図の筆者を別人とする程の差異ではなく、もし別筆があるとしても、一人

の画家が主となって、別に一、二の異筆が混じっているかと考え得る程度である。さて以上に述べた所により、聖衆来迎寺十界図中の等活・黒縄・衆合の地獄図三幀は、『要集』に基づいて描かれていることが判明した。かくて再び『要集』をみると、同書は右の三地獄に続いて、叫喚(きょうかん)・大叫喚・焦熱(しょうねつ)・大焦熱の四地獄を説き、さらに進んで阿鼻(あび)地獄を述べている。しかるに、この絵画群中には、叫喚・大叫喚・焦熱・大焦熱の四地獄を描いたものは見当らず、わずかに恵心が八大地獄の最後に挙げる阿鼻地獄の一図だけが存在する。

阿鼻地獄図（無間地獄図）

色紙形には題辞が記入されていないが、[7] その図様からみて、これが次に引く『要集』の記事に基いて描かれた、阿鼻地獄なることは明らかである。

八に阿鼻地獄とは、大焦熱〔地獄〕の下、欲界最底の処に在り。罪人、彼に趣(かしこ)き向ふ時、（中略）頭面は下に在り、足は上に在つて、二千年を経、皆下に向つて行く。彼の阿鼻城は、縦広八万由旬なり。七重の鉄城、七層の鉄網あり。下に十八の隔(へだて)有つて、刀林周り匝る。四角に四の銅狗有つて、身長きこと四十由旬なり。眼は電の如く、牙は剣の如く、歯は刀山の如く、舌は鉄刺の如し。一切の毛孔より、皆猛火を出し、其の烟臭悪にして、世間に喩ふるもの無し。十八の獄卒有つて、頭は羅刹の如く、口は夜叉の如し。（中略）頭の上に八の牛頭有つて、一々の牛頭に、十八の角有り、一々の角の頭より、皆猛火を出す。（中略）四門の閫の上には八十の釜有り、沸れる銅涌き出して、亦城の内に満つ。一々の隔の間には、八万四千の鉄蜂、大蛇有つて、毒を吐き、火を吐いて、身城の内に満つ。（中略）又鉄の箕を以て、三熱の鉄炭を盛り満たし、之を簸り揃へ、（中略）其の口の中より、其の舌を抜き出し、百の鉄釘を以て、〔釘うつて〕之を張り、皺襵無からしむること、牛の皮を張るが如くにす。復た更に熱鉄の地の上に仰き臥せ、熱鉄の鉗を以て、口を鉗んで開かしめ、三熱の鉄丸を以て、其の口の中に置くに、即ち、其の口、及び咽喉を焼き、府蔵を徹つて、下より出づ。（中略）此の無間〔地〕獄は、寿一中劫なり。五逆罪を造り、因果を撥無し、大乗を誹謗り、四重〔禁〕を犯し、虚しく信施を食へる者、此の中に堕つ

すなわち、恵心は阿鼻地獄の有様を『正法念経』『観仏三昧経』『瑜伽論』などの所説によって説いているが、この図は『要集』の右の記述をそのまま絵画化しており、この地獄の物凄まじい光景を手にとるように示している。前の三図に較べると図柄がやや粗略で、筆致も幾分弱く[8]、構図法にも多少異なった所があり、ちょっと変った印象を与えられる。しかし、画絹の大きさや性質から推せば、前の三図と一組をなすことは明らかである。図様が同じく『要集』によっているところからみても、他の地獄図と別個の作と考えることは困

難で、おそらくは同筆といえるであろう。それではこの図に限って、何故に題辞が書いてないのか、何故に門外に別処の苦相を描かないのか。疑問はしばらく疑問のままに残し[9]、転じて餓鬼道図を眺めよう。

餓鬼道図

『要集』は、

第二に餓鬼道を明さば、住処に二有り。一は地の下五百由旬に在り、閻魔王界なり。二は人天の間に在り。其の相、甚だ多し

といい、『正法念経』『六波羅蜜経』『瑜伽論』などの諸経に拠って、鑊身・食吐・食気・食法・食水・悕望など十七種の餓鬼の苦相を述べ、

人間の一月を以て、一日夜と為して月年を成し、寿五百歳なり。正法念経に云はく、慳貧と嫉妬の者、餓鬼道に堕つ、と

と結んでいる。図は、恵心の複雑な記述を忠実にしかも巧妙にまとめており、『要集』の文辞と図様を対比すると、その密接なる関連には、今さらのごとく驚かされる。しかしここでは記述が余りに長くなる恐れがあるから、『要集』の所説は註記することとして[10]、今はただ本図の画風について一言する。

地獄図に見る岩や山は、いずれも漢画風の描線で、峨々とした近づき難い形に表わされたが、この図の風景は大和絵風の描線で、見なれた形に描かれている。地獄図では、等活地獄の罪人が幼児としてよみがえる姿と、衆合地獄の微笑して亡者を誘う美女の姿、悪見処に罪なくして苦しむ小童や多苦悩処で亡者に縋（すが）る少年の部分を除いては、さほどに目立なかった大和絵風の人物が、ここでは画中随所に活動して、いかにも親しい世界である。しかし、その日本風の自然の間には、あまたの餓鬼の醜悪な姿が、無量の苦悩にもだえている。地獄の苦相を縁遠いものと眺めて来たわれわれも、この図では、風景や人物が親しみ易い形になっているだけに、そこに蠢（うごめ）くおぞましい餓鬼の姿態から、一種強烈な印象を受けるのである。このように、本図の表現は、前の四図とはかなりに形式を異にする。しかしながら、餓鬼を描く描線は地獄の亡者を写す線であり、土坡（どは）や岩石の一部を描く描線は、同じく地獄の巌を形どる線である[11]。画絹の大きさも性質もほとんど前四図と大差なく、やはり同群の作と見るべきである。地獄を描き疲れた画家が、餓鬼の住処二つのうち、閻魔王界を捨てて人天の間を背景として画面に変化を求めたのも至極当然の順序であった。

色紙形題辞は、

餓鬼道者有二一者在地下五」百由旬二者在人天之間其相甚多……者之受報?

と読まれるから、地獄の場合と同じく、『要集』の記事に基づいて、餓鬼道の位置や、そこに堕ちる者の罪科などを記したことは確かである。この場合、題辞の書体が地獄図の書体と一変しているのは興深く、これはあるいは、画風の変化に応じてことさらに書体をかえたとも見られよう。

畜生道図

餓鬼道についで恵心が説くのは畜生道である。彼はいう、

第三に畜生道を明さば、其の住処に二有り。根本は大海に住み、支末は人天に雑る。別して論ずれば、三十四億の種類有れども、総じて論ずれば、三を出でず。一には禽類、二には獣類、三には虫類なり。是くの如き等の類、強弱相害す。若しは飲み、若しは食つて、未だ嘗て暫くも安らかならず。昼夜の中に、常に怖懼を懐けり。況や復た諸の水性の属(たぐひ)は、漁者の為に害せられ、諸の陸行の類は、猟者の為に害せらる。若し象、馬、牛、驢、駱駝、騾等の如きは、或は鉄の鉤(まがれるかぎ)をもつて其の脳(あたま)を断(う)ち、或は鼻の中を穿ち、或は轡をもつて首に繋ぎ、身は常に重を負うて、諸の杖捶(むちうち)を加へらる。但だ水草を念うて、余は知るところ無し。又蚰蜒(げじげじ)、鼠狼(いたち)等は、闇の中に生れて、闇の中に死す。蟣虱、蚤等は、人の身に依つて生れ、還た人に依つて死す。又諸の龍の衆(たぐひ)は、三熱の苦を受けて、昼夜休むこと無し。或は復た蟒蛇は、其の身長大なれども、

聾騃にして足無く、宛転と腹行して、諸の小虫の為に唼ひ食はる。（中略）愚癡無慚にして、徒らに信施を受けて、他の物を償はざりし者、此の報を受く

と。図は餓鬼道図と同じく、大和絵風の風景中に日本風の人物を配し、その間に諸種の畜類があるいは迫害され、あるいは相闘う様を描いている。画面の大きさ、画絹の性質共に前図に同じく、描線、彩色の性格もまた前図とほとんど変りはない。ただし、ここに注意されるのは、前図は忠実な『要集』の絵解きであったが、本図では、『要集』の記述が比較的簡単なためか、画面がやや自由に構図され、宗教に材を採る風俗画的傾向を帯びている点である。今までは、ほとんど『要集』の記述を忠実に構図してきた作画態度が、本図に至って幾分の変化をきたすのである。恵心の挙げる象や駱駝などの異国的題材が省略され、⑿わずかに獄卒と蟒蛇が異様な姿を見せる以外は、牛に車を引かせて坂道を登る賤の男や、鹿を追う荒武者、闘鶏に熱中する若者、争う犬に戯れる童など、見るからにわが日本の風俗画的場面といえよう。もっとも水田を耕す人や牛馬、または川辺に傘をさして坐る人物などが中国画の図形によっている事は明瞭だが、それとても、中国の畜生道図を写したものとは思われず、おそらく六道絵とは無関係の絵画類から、適宜転写されたと考えられる。そしてこのことは、画家の広い研究態度を窺わしめ、それと同時に、この図の制作年代が比較的新しい事を感ぜしめる。なお画面下端の龍と金翅鳥を描く部分は、上部とは

何の関係もない図形だが、それは、種々の畜生が人天の間に住む上の場面に対し、根本の住処たる大海にいる有様をも現わそうとして描き加えられたと見るべきである。『要集』には、この図様と直接関連を持つ叙述はなく、これはあるいは『正法念経』などに説く龍王国や加楼羅国を意味するかとも思われるが、ともあれ、図とすると多少不統一な感を与えるこの場面は――原画の有無に拘わらず――実はかえって画家の苦心経営したところではなかろうか。色紙形題辞は、

> □有二根本性」□□雑人天別論」□□億種類総論」□□禽類□」
> □是類強弱相」□夜之中常懐怖懼

と読まれるが、『要集』によって畜生道の概要を記したことは容易に推定され、苦相の詳細はやはり絵画自身に語らせている。書体は前図と極めて近く、画風に応じたかのようであり、画絹の大きさ、性質などもやはり他の諸図と相似ている。

阿修羅道図

阿修羅道に関する『要集』の記述は、畜生道よりさらに簡単で、

> 第四に阿修羅道を明さば、二有り。根本の勝れたる者は、須弥山の北、巨海の底に住み、支流の劣れる者は、四大州の間、山巌の中に在り。雲雷若し鳴れば、是れ天の鼓

ひ苦しみは、勝げて説く可からず

なりと謂うて、怖畏れ周章て、心大に戦き悼む。亦常に諸天の為に侵害せられ、或は身体を破り、或は其の命を夭す。又日日三時に、苦具自ら来つて逼り害し、種々の憂

とあるにすぎない。図はそれによって構図され、画面上部に修羅とその眷属が忉利天から攻めよせる帝釈天の大軍と一戦を交える情景を描き、下半部には大海の底に雷鳴を怖れ諸天の侵害を嘆く人々を写している。天と修羅との戦いの場面などは、『要集』の記述があまり簡単なために、『正法念経』などの所説(13)を考慮したか、あるいは他の修羅道図を参考としたと考えられるが、描法は総じて穏健で、畜生道図と、ほぼ同一の非凡な技倆を示している。色紙形題辞はほとんど『要集』の全文を引いて、

阿修羅道者有二根本勝」住須弥山北巨海之底支」流劣在四大洲間山巌之」中雲雷若鳴謂是天鼓怖」畏周章心大戦悼亦常為」諸天之侵害三時苦逼害

とあり、前図と同じ書体である。

さて、右に、地獄・餓鬼・畜生・阿修羅の諸相を説きたったが、これら七図を通覧すると、黒縄地獄に明らかにかなりの補筆がある以外は、大体は一人の画家が中心となって描かれたものと推察され、その変化に富んだ技法に驚かれる。同時にまた、餓鬼道や畜生道の比較的風俗画的な色彩の濃い画面に特に筆致の暢達する傾向を認め得る。そして、か

かる画家の特色は、次の人間世界を描くに至ってさらに一段と顕著である。

人道不浄相図

例によって『要集』を見ると、

第五に人道を明さば、略して三の相有り、応に審に観察すべし。一には不浄の相、二には苦の相、三には無常の相なり

と、人道を厭離すべき理由を三相に分って述べている。第一の不浄相ではまず人体の複雑な構造を詳述し、ついでその各部が無数の害虫に蝕まれる次第を語り、さらに死後その体軀が種々の禽獣や虫蛆、または風雨のために、次第に朽ち果てることを説くのである。

況や復た命終つて後は、塚の間に捐捨つ。一二日、乃至七日を経れば、其の身膖脹れて、色青瘀に変ず。臭く爛れて皮穿れ、膿血流れ出づ。鵰、鷲、鵄、梟、野干、狗等、種々の禽獣、齰み掣いて食ひ噉む。禽獣食ひ已つて、不浄潰れ爛るれば、無量の虫蛆有つて、臭き処に雑はり出づ。悪む可きこと、死せる狗よりも過ぎたり。乃至白骨と成り已れば、支節分散して、手、足、髑髏、各々異なる処に在り。風吹き日曝し、雨灌ぎ霜封じて、積むこと歳年有れば、色相ひ変異る。遂に腐り朽ち砕末となつて、塵土と相ひ和すなり。（中略）故に止観に云はく、未だ此の相を見ざるときは、愛染甚

だ強けれども、若し此れを見已れば、欲心都て罷み、懸かに忍ぶに耐へざること、糞を見ざるときは、猶能く飯を噉へども、忽ち臭気を聞かば、即ち嘔吐するが如し、と

（下略）

この恐るべき有様は、聖衆来迎寺の不浄相図に大和絵風の描写をもって至極克明に描き出された。春の花、秋の紅葉、無常の嵐に散り急ぎ、秋草靡く野の辺に、朽ちゆく美女の屍こそ、見るもむごたらしい限りである。地獄道や餓鬼道のただならぬ画面を、まだ多少のゆとりをもって眺め得たわれわれも、この図に至っては思わず眼をそむけねばなるまい。わが国古来の絵画多しといえども、この図などは、不浄なる現実を直視する点において、しかもその現実を容赦なく彩り出した点において、まことに稀有の遺品といえよう。屍の種々相を描くあたりに、一見、他の図と異なった感じがないでもないが(14)、樹木や土坡の描線から推せばやはり同一人の筆であろう。樹木や人体の表現に優れた技倆を示しながら、全体としてはどことなく、鎌倉末期的傾向を漂わせ、屍を覆う衣の文様などには特にその傾向が著しい(15)。題辞は畜生道や阿修羅道と同じく、大和絵風の描写に応じた書体で、

人道者有三相一不浄相凡人」人身中諸不浄盈満七重皮裏」六味長養自性潰爛臭穢非一」況命終之後捐捨塚間経一日」七日其身膖脹色変皮穿未見此相愛」染甚強若見此已欲心都罷

と『要集』の要文を極めて巧みに引いている。(16)

人道苦相図

恵心は人道の第二の苦相を挙げ、『宝積経』によって生苦、病苦などを略述し、「諸の余の苦相は、眼前に見る可ければ、説くことを俟(ま)つ可からず」と結んでいるが、画は「眼前に見る」人間世界の諸苦相を、二幀の風俗画として示している。すなわち、前図において厭う可き現実を徹底的に直写したこの画家は、ここに始めて『要集』の記述を離れて、恵心が「説くことを俟つ可からず」とした人間界の諸苦相を、いかにも詩的な、得意の図様に描き出した。色紙形題辞も、この二幅のみは他の諸図と異なった書体で、それぞれに、『要集』に見られぬ文句を記し、(前述諸図の題辞が主として各道の位置などを指示したのとは趣を異にして)画面に表わされた苦相の内容を記している。すなわち題辞に、

二苦相者生老病死也其苦者〔生〕」逆頭趣役身出老苦者百疾纏」身五欲隋〔隔〕楽病苦者一病克尅」(17)五内無安死苦者水火風三大」増断末摩寿儒識三沽悉離身」躰生住位滅哲無非苦

とある図は画面下より上へと、生・老・病・死の種々相を描き、

愛別離苦者依癡愛非悲別」離怨増会苦者□宿悪申現」悪成怨念懐害心求不得苦」者食不満口衣不隠膚風雨」侵家燈燭苦光五盛陰苦者或遇火」災或逢盗賊慮外細苦即此苦相

とある図には、下部より上部へ生別死別の悲歎の情景や、憎怨迫害の乱闘のありさまや、茅屋につづれを纏う窮乏の状態、または火災に悩む人々の姿などを至極明細に写している。両図とも霞によって一々の苦相を区切りながらも、構図的には全体にある程度の統一をつけ、風俗画としてまことに愛すべき画面である。地獄などを描く図とは画題が著しく相異し、画面の保存状態にもかなりの相異があり、彩色の上にも多少の違いがあるために[18]、以上の諸図とは相当異なった画調を呈している。

地獄・餓鬼・畜生・阿修羅などの諸図には多くの古例が存在し、図様描法ともにかなりその影響を受けたと考えられるから、それらの図が古様を保つ傾向があるのは当然である。人道図にも、もちろん古例はあったのだが[19]、苦相の場合には恵心も「眼前に見るべければ」というごとく、画家の口常目にするところであるだけに、その表現にいくぶんか時代色を強く反映する。なかでも、戦闘の場面に紋所をつけた楯を用いる描写などは、興深く注目される点であろう。楯に紋所を描いた例は、『後三年合戦絵詞』や『蒙古襲来絵詞』『慕帰絵詞』『春日権現霊験絵巻』などに見られるが、鎌倉前期に溯る遺例はなく、ことに、ここに描かれた洲浜と亀甲の紋所は、一般には、『太平記』巻十七に見られるものなどが、比較的古い例とされている[20]。従って、この点からいえば、この図の制作年代は鎌倉後期を溯らぬというべきである。

右のごとく、聖衆来迎寺十界図は、人道第二に至って『要集』の記述を離れ、「眼前に見る」苦相を描き、大和絵風の風俗画二点を加えたが、次に、恵心が人道第三に説く無常相の表現は如何であろうか。

人道無常相図

苦相について詳しい記述を省略した恵心は、人道第三の無常相については、それと趣を異にして、諸経典の要文を引きながら、次のごとくに細説する。

三に無常とは、涅槃経に云はく、人の命の停(とどま)らざること、山の水よりも過ぎたり、今日在(あ)りと雖も、明(あす)亦保(うけあ)ひ難し、云何(いかん)ぞ心を縦(ほしいまま)にして、悪法に住せしめん、と。出曜経に云はく、此の日已に過ぎぬれば、命則ち随つて減ず、水少き魚の如し、斯れ何の楽か有らん、と。摩耶経の偈に云はく、譬へば栴陀羅の、牛を駆つて屠所に就くに、歩々死地に近づくが如し、人の命は是れよりも疾し、と。設(たと)ひ長寿の業有りと雖も、終には無常を免れざるなり。設ひ富貴の報を感ずと雖も、必ず衰へ患むの期(とき)有り。（中略）また罪業応報経の偈に云はく、水流るれば常に満たず、火盛んなれば久しく燃えず、日出づれば須臾にして没(い)り、月満つれば已に復た欠く、（中略）と。唯諸の凡下(よのひと)のみ、此の怖畏有るに非ず。仙(せんにん)と登(な)つて通(つうりき)を得たる者も、亦復た是くの如し。法句譬喩経の偈に云ふが如し。空にも非ず、海の中にも非ず、山石の間に入るにも非ず、地の方処として、脱れて死を受けざるもの有ること無し、と。（空に騰り、海に入り、巌に隠るる、三人の因縁は、経に広く説くが如し）当に知るべし、諸の余の苦患は、或は免るる者有らんも、無常の一事は、終に避くる処無きことを。須らく説きたまふが如く修業して、常楽の果を欣ひ求むべし。止観に云ふが如し。（中略）山や海、空や市に、逃れ避くる処も無し、（中略）と。又云はく、譬へば野干の、耳や尾、牙を失へば、詐り眠つて脱れんことを望めども、忽ち頭を断たんと聞いて、心大に驚き怖るるが如し、生、老、病に遭つて、尚急がはしく為ざらんも、死の事は奢にせず、那ぞ怖れざることを得ん、怖るる心の起る時は、湯、火を履むが如し。五塵六欲も、貪染るに暇あらず、と。人道は此くの如し、実に厭ひ離る可し

この記述は、そのまま聖衆来迎寺の人道無常相図に示されている。虚空・山岳・海中どこに在っても死を免れない仙人や、水涸れの小川に苦しむ魚や屠所に引かれる牛の姿、又は耳・尾・牙を失った野干など、すべて所説通りに描かれて、空に泛ぶ天象も、山間を行く川の流れも、ひとつとして人生無常を語っていないものはない。一見したところでは上半部はたんなる中国山水画、下半部はたんなる中国風俗画かと思われるこの図が、実は『要集』の文字通りの絵解きと知る時、観者は必ずや一驚させられることであろう。不浄

相や苦相を描いた三図に較べて、画風が著しく相違したように見えるので、あるいはこの図こそ別人の作であるとか、あるいは制作年代が違うなどと考えられないこともない。しかし、画面の大きさや画絹の性質には前の諸図とほとんど大差を認め得ないから、本図を異筆と見る点はなお考慮してみる要があろう。

図の上部の山岳や岩石の描線は明らかに中国画風のもので、固さとか力強さを誇張しようと努めた跡が明瞭である。しかも、その描線は、意外にきれぎれで、画家がことさらに中国風の風景を描こうと意図したことが想像される。図の下部の人物や牛の描法も、全く中国風で、おそらくは彼地の絵画類を参考としたものと思われる。しかし、この図は今述べたごとく恵心の説の忠実な絵解きだから、これと同じ図が中国に存在したと考えるのは不合理であり、たぶん、中国の一般風景画や人物画から適宜図形を組合せて、描かれていると見るべきである。そして、細部の描法を検すると、仏画ないしは大和絵風のものを得意とする画家が、つとめて宋元画風に描いたかのように見受けられ、波・土坡・人物の衣文の描線などには前述の諸図と共通する部分が少なくない。すなわち、この図の画家は、やはり以上の諸図と同人で、仏画か大和絵風の図を得意とする人らしく、恵心が眼前に見るがごとしという人道諸苦相は、大和絵風に描いたが、無常相の場合には、『要集』の所説の内容からみて、むしろ宋元画風に描くのを適当と考えて、ことさらにかかる描法を撰んだものではあるまいか。見れば、色紙形題辞の書体も、画風の相違に呼応するかのごとく、不浄相や苦相の題辞とは異なり、さきの等活・衆合などの地獄図のそれと同じく、

無常相者人命不停似於山」水設雖有長寿業終不免」無常設雖感富貴必有衰患」当知諸余苦患自有道者無〔或〕〔免〕」常之一事終無避処須如説修行」欣求常楽界

と巧みに『要集』の要文を引いている。この場合個々の図様の説明を省略することは地獄や餓鬼・畜生の図にならっている。

天道図

恵心の説く六道の最後は大道である。彼はいう、

第六に天道を明さば、三有り。一には欲界、二には色界、三には無色界なり。其の相既に広ければ、具に述ぶ可きこと難し。且く一処を挙げて、以て其の余を例せば、彼の忉利天の如きは、快楽極り無しと雖も、命終る時に臨んで、五衰の相現る。(中略)是の相の現るる時は、天女眷属、皆悉く遠ざかり離れて、之を棄つること草の如くにす。林の間に偃れ臥し、悲しみ泣いて歎じて曰く、此の諸の天女を、我常に憐愍せしに、云何ぞ一旦にして、我を棄つること草の如くする、我今依るところ無く怙るところ無し、誰か我を救ふ者あらん。善見宮城は、今将に絶らんとす、帝釈の宝座は、

朝謁るに由無し、殊勝殿の中には永く瞻望ることを断ち、釈天の宝象には、何れの日か同に乗らん、衆車苑の中には、復た能く見ること無く、麁渋苑の内には、甲冑長く辞す、雑林苑の中には、宴会するに日無く、歓喜苑の中には、遊止するに期無し、却波樹の下の、白玉の輭かな石には、更に坐る時無く、曼陀枳尼の、殊勝池の水には、沐浴するに由無し、四種の甘露は、亦得て食ふこと難く、五妙の音楽は、頓かに聴聞くことを絶つ、悲しき哉や、此の身独り此の苦に嬰る、願はくば慈悲を垂れて、我が寿命を救ひ、更に少かの日を延ばしめたまはば、亦楽しからず乎、彼の馬頭山、沃焦海に堕ちしめたまふこと勿れ、と。是の言を作すと雖も、敢て救ふ者無きなり。当に知るべし、此の苦は地獄よりも甚しきことを。（中略）当に知るべし、天上も亦楽ふ可からざることを

と。図は右の記述によって下部中央に五衰の相をあらわせる天女を描き、天女の悲しみ歎ずる言葉の内容を全画面に写している。五衰の相あらわれる時、たちまちにして失われる林間の行楽や奏楽、または宴会の楽しみや、あるいは池辺の沐浴、麁渋苑の甲冑などは、帝釈天の去った寂寞たる善見宮城をめぐって、忉利天の果敢なさを効果的に強調する。やや拙ない筆致も認められるが、画面の大きさ、画絹の性質ともに前の諸図と大差なく、この図もまた同じ画家の作なることは確かといえよう。題辞も画様にふさわしく、餓鬼・畜

生・修羅の三道や人道不浄相に見る書体で、

忉利天雖快楽無極命終時五」□有悲帝釈宮中永断瞻望」□砌無復能見却波樹下」
□勝池水沐浴無由」四種甘露有令不可嘗五妙音」楽此後不可聴

と『要集』の要文を適宜引用している。

恵心は以上のごとくに六道を説き、続いて六道を総括概観しているが、聖衆来迎寺十界図中の右の十二幀は、今述べたように総てこの厭離穢土説に基いて描かれた六道絵であった。すなわち、これら十二幀は、その十幀までが完全に『要集』の所説を絵画化し、他の二幀も『要集』の所説をなかなか巧妙に補っている。そして、これらの図の画家については、黒縄地獄図に明らかに異筆を認める以外には、各図とも多少筆致の相異はあるが、[21]ほとんど一人の筆が中心になり、しかもそれは種々の画技を兼備した研究心豊かな画家なることが想像された。また、餓鬼道図や人道不浄相・苦相図などから考えて、これら一群の絵画の制作年代は、おそらくは鎌倉後期を溯り得ないことが推察された。[22]

さて、このようにして、聖衆来迎寺十界図中の十二幀は、古人もいうごとく、『要集』を典拠とする六道絵だとわかったが、それでは残余三図はいかなるものか。果して従来いわれるごとく、その三図もまた『要集』による六道絵であろうか。それともまた、焼失したという四聖界図となんらかの関連でもあるのであろうか。次節には進んでこの点を考えたい。

（1）聖衆来迎寺の住職林昌坊舜英（延宝八年七月十日寂）の『来迎寺要書』寛文八年（一六六八）二月中旬の条に、

京油小路通鍛冶屋町惣左衛門宿所ニテ」権大納言御局ニテ（中略）女院御所様御覧被為成度」御局為御意（中略）十五幅ノ絵ノ内ニ所々絵相ノ意趣ヲ書キ致ニ付」札ノ御局御殿ェ利曳林可致ニ持参一備二叡覧一（下略）

とあることによって、寛文八年に本図の絵相説明のために付札をしたことが知られる。（この文中「女院御所様御覧被為成度」の一句は、『六道絵相略縁起』の「末代女御后妃のためにと此絵相を画かし玉ひて」という部分を思い出させる。）

（2）貼紙は明治二十二年に本図の表装を掛軸から額装に改めた時に取除かれ、現在は画面諸処にわずかにその位置を窺い得るに過ぎない。しかし、聖衆来迎寺には文政六年（一八二三）にできた模本（白雲洞貞幹筆）があり、それには付札も明瞭に転写されており、その付札によって、寛文八年の貼紙に記された文字の大部分が『要集』から引いてあったことが確定される。

ちなみに聖衆来迎寺に現存する右の模本については、『来迎寺年代記』文政五年と七年の条に、次のごとく詳細に記されている。

文政五　壬午

十界図写年来志願之処今度湖東」国友今村住中谷求馬ト申画工幷」中川忠右衛門ト申仁同道ニテ参詣」有之右写ノ儀噂申候処尤ニ被存」何分成就仕候様御世話可申ト有之」然ル処右両人ハ京都ニ条高倉西へ入ル世継八良兵衛知音ノ人故ニ彼方江」当寺役者宣明坊同道ニテ伺候」頼人候処彼人モ絵相信仰ノ仁ニ候故」白銀五十枚幷絵絹金軸等寄附致」被呉先是ヲ元立トシテ巳三月上旬ヨリ」取掛り未六月ニ成就候事也尤」惣入用ハ凡弐百金斗ナリ　舜徹代

文政七　甲申

三月十四日ヨリ十八日マデ五日之間六道」之新絵相為開眼供養法事執行」会中六道講式唄散華（下略）

なお原本が明治二十一年に表装を改められたことは、各図裏面の記載によって明らかである。

（3）これは本図が『要集』の絵解き的性格を帯びている事を顕著に示し、本図が僧侶の六道思想解説の用具として用いられたことを語っているのであろう。

（4）ちなみにこの『要集』の原文は、『瑜伽論』『智度論』『観仏三昧経』『正法念経』などの経義を適宜採録したことが、同書中の割註によって判明する。

（5）『要集』もこの二別処のみしか説いていない。

（6）この書体は、後述する人道の生・老・病・死の四苦相図の題辞書体と相似ている。

（7）文政年間の模本は『要集』によって題辞を補って、左のごとく記している。
阿鼻地獄者在大焦熱獄之」下部欲界最底之処縦横八」万由旬此獄寿一中刧造」五逆罪撥無因果誹謗大」乗犯四重虚食信施者堕」此獄

（8）このことは、本図の画家が比較的小画面を描くのを得意とし、大きな人物などは余り描きつけていなかったことを暗示するのではあるまいか。

（9）第六節、註（2）参照

（10）『要集』は餓鬼道を左のごとく述べている。
第二に餓鬼道を明さば、住処に二有り。一は地の下五百由旬に在り、閻魔王界なり。二は人天の間に在り。其の相、甚だ多し。今少分を明さば、或は身の長一尺なるあり、或は身の量人の如きあり、或は千踰繕那なるあり、或は雪山の如きあり。或は鬼有り、鑊身と名づく、其の身長大にして、人に過ぎたること両倍なり。面も目も有ること無く、手足は猶し鑊の脚の如し。熱火中に満ちて、其の身を焚焼す。（中略）或は鬼有り、食吐と名づく。其の身広大にして、長半由旬なり。常に嘔吐を求むるに、困んで得ること能はず。（中略）或は鬼有り、食気と名づく。世の人の病めるに依つて、水の辺、林の中に、祭を設くるに、此の香気を嗅いで、以て自ら活命す。（中略）或は鬼有り、食法と名づく。嶮難の処に於て、馳り走つて食を求む。色は黒雲の如く、涙の流るること雨の如し。若し僧寺に至るに、人の咒願するに有つて、法を説く時は、此れに因つて力を得て活命す。(中略) 或は鬼有り、食水と名づく。飢渇身を焼き、周章て水を求むるに、困んで得ること能はず。長き髪面を覆ひ、目見るところ無くして、河の辺に走り趣くに、若し人の河を渡るあつて、脚足の下より、遺落る余り水あれば、速かに疾く接し取つて、以て自ら活命す。或は人の水を掬んで、亡き父母に施すあらば、則ち少分を得て、命存立することを得。若し自ら水を取らんとすれば、水を守る諸の鬼、杖を以て撾り打つ。(中略) 或は鬼有り、悕望と名づく、世の人の亡き父母の為に、祀を設くる時、得て之を食ふ。余は、悉く食ふこと能はず。(中略) 或は鬼有り、海の渚の中に生る。樹の林、河の水有ること無く、其の処甚だ熱し。彼の冬の日を以て、人間の夏に比ぶるに、過ぎ踰えたること千倍なり。唯朝の露を以て、自ら活命す。海の渚に住むと雖も、海は枯渇せりと見る。(中略) 或は鬼有り、常に塚の間に至り、焼けたる屍火を噉ふに、猶足ること能はず。(中略) 或は鬼有り、生れて樹の中に在り。逼迮して身を押さるると、賊木蟲の如くに、大苦悩を受く。(中略) 復た鬼有り、頭髪垂れ下つて、遍く身体を纏ひ、其の髪は刀の如くにして、其の身を刺し切る。或は変じて火と作り、周り匝つて焚焼す。或は鬼有り、昼夜に各々五子を生む、生むに随つて之を食へども、猶常に飢えて乏し、復た鬼有り、一切の食は、皆噉ふこと能はず。唯自ら頭を破り、脳を取つて食ふ。(中略) 或は内の障に依つて、食ふことを得ざる鬼有り。謂はく、口は針の孔の如く、腹は大なる山の如し。縦ひ飲食に逢ふとも、之を噉ふに由無し。(中略) 人間の一月を以て、一日夜と為して月年を成し、寿五百歳なり。正法念経に云はく、慳貧と嫉妬の者、餓鬼

道に堕つ、と

(11) 例えば、塚の附近、屍火を噉う餓鬼を描くあたりの土坡の墨線は、等活地獄の闇冥処の岩山や、黒縄地獄の獄門右上の巌や、衆合地獄の多苦悩処の岩などを描く墨線と共通する。

(12) 『北野天神根本縁起』の日蔵六道巡りの段に見える畜生道図には、本図の坂を登る牛とよく似た形で、象の姿が描かれている。

(13) 『法界安立図』巻二の「阿修羅国」「天与二修羅一闘戦」の条などをも参照。

(14) 本節、註(8)参照

(15) かかる衣文は、餓鬼道の下部に僧侶の説法を聴く婦人の著衣にも見受けられる。

(16) この題辞には、本稿所引の『要集』要文では省略した部分から引かれている文句もある。

(17) この題辞には、他図に較べて、やや誤字が多いのが注意される。

(18) 例えば、苦相図においては、他の図にほとんど見られぬ銀泥彩色が試みられている。

(19) 例えば、『北野天神根本縁起』の六道絵中の人道図には、この図の火災の場面に類する図様が見受けられる。

(20) 沼田頼輔『日本紋章学』九九九頁参照

(21) 特に、人道苦相図は他の諸図に較べていくぶん筆致の相違が目立つ。

(22) 聖衆来迎寺十界図は、聖衆来迎寺・帝室博物館(現東京国立博物館)・奈良帝室博物館(現奈良国立博物館)等に分蔵されるため、全十五図を充分に比較研究することは困難である。ここには、それらの図を匆々の間に拝観して、全図を大体において同筆と見た筆者の感じを記したのであり、後日、あらためて精鑑の機を得たいと思う。

三　聖衆来迎寺十界図中の説話画二点および閻魔王庁図

以上において、聖衆来迎寺十界図に関する寺伝とそれに対する疑いを述べ、現存する十五図中の十二図が『往生要集』に基づいて作画された六道絵なることを指摘した。つぎに、残る三図について、各図の画面と題辞から、それぞれの画題を推定しよう。

譬喩経説話図

上部に堂々たる邸宅を描き、中部に水辺にのぞむ一屋を写し、下部には大きな楼門を描いている。まず邸宅の部分を見ると、上部中央の仏堂には帝王風の人物が弥陀の立像を礼拝する姿が見え、その左の人殿堂では、同じ帝王らしい人物が、僧侶に対して合掌するところが描かれている。殿堂内に構えられた一口の剣と、周囲に惨らしく散在する僧侶の首級は、これがただならぬ場面なる事を語っており、王をなだめるかのような手つきをする僧侶が、壁を破って上半身をあらわし、しかも屋外にこの僧侶の飛去る姿が描かれている点は、これが一種の物語絵なることを暗示する。殿堂の下部邸門の傍らに、この異常な事件も知らぬげに、二人の守衛がまどろんでおり、そこに燃える燈火を見ると、夜の出来事かと推察されるが、一体これはいかなる意味の場面であろう。右の門前にひかえる、いかめしく武装した数名の人物は何であろう(1)。

転じて図の中段を眺めると、ここはまた、極めて閑静な場面であって、松柳繁る樹蔭の一屋に、僧侶が曲彔に坐するところが描かれている。子細に見ると屋前に、小さく天・人・餓鬼・畜生・地獄の相が現われているのに気付くが、これはどういう意味であろう。たんなる風景中にかかる図様を配するのは、いかにも不自然なことであって、この場面も物語絵の一段なることを示している。さらに下段に目を移すと、蓮華や亡者を押流すがごとき勢いで獄門に迫る水を描き、獄門の左に驚愕する赤鬼・緑鬼と、右に合掌する帝王風の人物並びに老婆と僧侶を示している。その著衣の色や文様から、ここに描かれた帝王らしい人物は、画面上部に二度あらわれた人物であり、僧侶は上部に二度中部に一度あらわれた人物であることが推考される。

右上隅の色紙形題辞を見ると、

□丘欲救母苦于時」辺境有王殺父奪国王余命」有七日知与死母可堕同処仍」至王処慈救令称念仏向泥」黎門之時泥黎忽冷比丘」母並罪人皆度脱王終」得須陀洹果

とあり、詳しくは解らないが、大体は比丘と母と国王に関する物語なることが想像される。

ところが、『譬喩経』には一比丘が地獄に堕ちたその母を救おうとして、辺境の王に念仏を教え、王のとなえる念仏の功徳により母を救済する説話を載せている。今、その説話と本図とを較べると、図様は極めて明確に解釈され、題辞もまたその説話の要点を適宜記載したものと解るのである。

昔、比丘有り。其の母を度（さいど）せんと欲せしも、母已に命過（お）へたり。便ち道眼を以て、天上、人中、獝狩（ちくしやう）、薜茘（がき）、の中に求索（もと）むれども、了（つひ）にこれを見ず。泥黎（ぢごく）を観るに、母その中に在るを見たり。懊惋（もだ）え悲哀（かな）しみ、広く方便を求めて、其の苦を脱せんことを欲せり。時に、辺境に王有り、父を害して国を奪へり。比丘は、此の王の命の、余すところ七日有り、罪を受くる地は、比丘の母と、同じく一処に在りといふことを知つて、夜の安靖（しづか）なる時に、王の寝処に到り、壁を穿つて、半身を現せり。王怖れて、刀を抜いて頭を斫（き）る。頭は即ち地に落つるに、其の処故（もと）の如し、これを斫（き）ること数反せるに、化せる頭は地に満つれども、比丘は動かず。王の意即ち解け、其の非常なることを知つて、頭を叩いて過（あやまち）を謝せり。比丘の言はく、恐るること莫れ、怖るること莫れ、相ひ度せんと欲するのみ、汝、父を害して、国を奪ひしや不（いな）や、と。対（こた）へて曰く、実に爾り、願はくば、慈救（たす）け見（ら）れよ、と。比丘の曰く、大功徳を作（な）すとも、恐らくは相ひ及ばざらん、王よ、当（まさ）に南無仏と称ふべし、七日のあひだ絶えざらしめば、便ち罪を免るることを得ん、と。重ねて之に告げて曰く、慎んで此の法を忘るること莫れ、と。即便ち飛び去りぬ。王は便ち手を叉せて、一心に南無仏と称説ふること、昼夜に懈らず、七日にして命終りぬ。その魂神の、泥黎の門に向つて、南無仏と称へしとき、泥黎の中の人、仏の音声を聞いて、皆一時に南無仏と言ひ、泥黎即ち冷めたり。比丘為に法を説き、比丘の母、王及び泥黎の中の人は、皆度脱することを得、後に大に精進して、須陀洹道を得たりき

これによれば、本図中段は比丘が道眼をもって、地獄・餓鬼・畜生・人・天の各道を観察し、泥黎に母の受苦の様を発見する場面である(2)。上段右は、辺境の王が父王を殺害せんとその門前に準備をするところか、あるいは地獄の閻魔が王を迎えに来た場面を意味し、左は、深夜、その国王の寝所へ、比丘があらわれて奇験を現じ、念仏を教えて飛去るところと思う。王が弥陀像に向って七日間不断念仏をとなえる光景は図の最上部に描かれ、国王が死して地獄の門に至り、「南無仏」と称し、その功徳により、比丘の母が救われて、わが子と相逢う状景は図の下段に描かれている。

従って、この図は十界図や六道絵の一図というよりも、「譬喩経説話図」と呼ぶ方が遥かに適切で、画題上は前述諸図とは自ら区別して考えらるべきものである。

しかし、画面の大きさや画絹の性質、または描法などは、前の十二幀とほとんど大差な

く、題辞の書体もそれらの中の漢画風の画面に記された書体と同一で、明らかに一群の絵画である。それでは、以上の六道絵に何故かかる説話画が混在するのか。同じ疑問は残る二図中の一についても抱かれる。

優婆塞戒経説話図

構図は大体上中下の三部分に分れている。図様を上から下へとたどってみよう。画面左上隅に宮殿風の建物があり、内部に男女が対談し、外部にはその男女に対して跪(ひざまず)いて合掌する朱衣の人物と、遊歩する二人の天女が見受けられる。画面の中部には、道路をはさんで左右に二群の建物が描いてあり、右側の建物は二王門・鐘楼・九輪を頂く塔があって、それが寺院を意味することは明瞭である。左側の建物は垣の内に二棟の家屋を配し、上の一棟の屋内に臥する女と坐して合掌する男を描き、下部の屋内には、山海の珍味を享楽する男を中心に四名の人物を写している。そして、屋外には、下僕が鳥や魚を重そうに擔(にな)って、門を入ろうとする姿も見受けられる。画面下部には、地獄の釜が割れて、その中の蓮華上に誕生する童子と、それを見て驚く獄卒や閻魔王のような形を描き、釜の上には立ちのぼる瑞雲に乗って合掌する二人の人物を構図している。上部の屋内に対坐する二人は、中部の二棟の内にいる男女と同人のように見え、男の方は下部の瑞雲中に坐する二人の中の前の一人とも同人らしい。また、上部の屋外に合掌する人物は、下部の釜の左側に合掌する者や瑞雲に乗る他の一人と同人なることは、その冠や着衣の様子によって明らかである。すなわち、この図もまた、前図同様、説話画的性格が顕著といえよう。

右上隅の色紙形題辞を見ると、

> □猛其居近」□鐘声時三」□称仏男用□」爾後女生忉利天男[亦]命」尽判男入罪向地獄門忽」聞鐘声唱仏名于時称真」菩薩送往天上

とあり、その文面から、現世における夫婦が、妻は死して忉利天(とうりてん)に生れ、夫は地獄に到ったが、獄門に向って念仏し、その功徳によって天上に往生したことが推察される。すなわち、図は中段に現世における夫婦の生活を描き、下段に夫が閻魔に送られて地獄から天上に向う所を写し、上段に忉利天で夫婦の再会する所を描いたものかと考えられるが、『優(う)婆(ば)塞戒(そくかい)経』には、ちょうどこの画面を詳細に解決し得る左のごとき説話を載せている。

> 善男子、我本往(もとむか)し、邪見の家に堕ち、惑網(ぼんのう)自ら我を蓋(おほ)へり。我爾(そ)の時に於て、名を広利と曰(い)へり。妻は名女にして、精進勇猛し、度脱すること無量にして、十善をもつて化導せり。我爾(そ)の時に於て、心に殺猟を生(な)し、酒肉を貪嗜(むさぼ)り、懶堕懈怠にして、精進することを能はざりき。妻時に我に語るらく、其の猟殺を止め、戒めて酒肉を断ち、勤めて精進を加へなば、地獄の苦悩の患(うれい)を脱れ、天宮に上生(うま)れて、一処を与(とも)にすること

を得ん、と。我爾の時に於て、殺心止まず、酒肉の美味は、割捨つること能はず、精進の心は、懶堕にして前まず、天宮は意を息めて、地獄の分を受けたり。我爾の時に於て、聚落の内に居み、僧伽藍に近かりしかば、数々槌鐘を聞けり。妻我に語つて言へらく、事々能はずんば、槌鐘の声を聞きしとき、三たび弾指して、一たび仏を称へよ、身を斂めて自ら恭ひ、憍慢を生すこと莫れ、其れ夜半の如きも、此の法を廃すること莫れ、と。我即ち之を用ひて、復た捨失つること無かりき。十二年を経て、其の妻命終つて、忉利天に生れたり。却の後三年にして、我も亦寿尽きたり。断事のところに経至りしとき、我を判いて罪に入れ、地獄の門に向はしめたり、当に門に入らんとせし時、鐘の三声を聞けり。我即ち住立まつて、心に歓喜を生じ、愛楽して厭はず、法の如く三たび弾指し、長声に仏を唱へたり。声に皆慈悲あつて、梵音朗かに徹れり。主事聞き已つて、心甚だ愧感ぢ、此れ真の菩薩なり、云何んぞ錯つて判きし、と。即ち遣追り還して、天上に送往しめたり。既に往到き已つて、五体を地に投げ、我が妻に礼敬して、大師に白して言ひき、幸にして大恩を義けて、如済抜はれたり、乃至菩提まで、教勅に違はじ、と

この説話によれば、画面中段は寺院に近い邸宅で、広利が妻の諫をきかず、酒肉の美味に溺れるありさまと、寺の鐘の音を聞いて妻のすすめに従い念仏をする光景であり、下部

は地獄に至った広利が鐘の音を聴いて念仏したので、閻魔（えんま）が驚いて合掌し、その裁断を誤ったことを悔い、彼を忉利天に送り還す所であり、上段は、広利が忉利天で十二年ぶりに相逢う妻を礼敬し、閻魔も庭前で合掌する情景である。(3) 色紙形題辞も右の要文を引いて記したものに他ならない。

この図も十界図や六道絵の一図というより、むしろ「優婆塞戒経説話図」と呼ぶべきもので、六道絵十二図とは、区別して考うべき画題である。しかしながら、画面の大きさ、画絹の性質、描法などすべて以上の諸図と大差を認めず、その点で、本図もまたそれと同群の遺品なることは疑えない。それでは、聖衆来迎寺の一群の絵画のうち、六道絵とともにこれら二つの説話画が混在するのは何故であろうか。

この疑問に対して、当然起ってくるのは、前述の六道絵十二図がほとんどすべて『要集』に拠って描かれていたのだから、これら両図もあるいは同書と関連があるのではないかという想像である。これら両図は、地獄に堕ちた罪人が念仏の功徳によって救済されるという共通のテーマを描いているが、浄土往生の手段として念仏を主張する恵心は、『要集』にこの種の説話について何か言及してはいないであろうか。

六道を説く「厭離穢土」の項や、浄土を述べる「欣求浄土」「極楽証拠」の項には、この種の説話は見当らない。「正修念仏」「助念方法」「別時念仏」の項には、主として念仏の方法を論じているが、念仏の功徳を具体例を引いて説明したところはない。しかし、それに続く、本文第七の「念仏利益」の項に至ると、彼はその第六に「引例勧信」という節を設け、念仏によって救われた数人についての数種の説話を挙げている。そして、その中に、『観仏経』や『迦葉経』の説話と共に、果してこの二説話が、そのまま発見されるのである。すなわち、両図の画題については、『譬喩経』や『優婆塞戒経』を俟つまでもなく、『要集』第七項の記述によって、充分解決できるのである。

されば、両図は各経典から直接絵画化されたものではなく、『要集』の第七「念仏利益」の項の記述によって描かれたと考うべきことはいうまでもない。それどころか、逆に、この二図が現存することは聖衆来迎寺の一群の絵画が恵心の『要集』の記述に基づいて描かれたことを至極明瞭に立証する。

これを要するに、聖衆来迎寺十界図は、実は正しい意味での十界図ではなく、「往生要集絵解」とでも呼ぶべきもので、現存するのは大部分が六道絵だということが明らかになった。そしてまた、従来「来迎寺に現存するのは六道絵のみ」といわれたことは厳密な意味では正確を欠くことも理解された。しかし、ここにまだ説明し残した一図がある。

閻魔王庁図

以上の諸図とは構図がかなり違い、閻魔王庁の殿堂内に閻魔が厳然と正面して坐し、左右に諸王が従い、殿前に二つの人頭幢が立ち、多くの亡者がここにつれられて来て、前世の善悪業を訊問されるところを描いている。画面の大きさや画絹の性質は上述諸図とほとんど同じで、全体の描法は無間地獄図に最も近い。亡者の体軀を描く部分は衆合地獄図と相類するところもあり、画家はおそらく他の図と同人のように思われる。題辞は、この図に限って左右両方の上隅に記されているが、その文は、

経云取意閻魔王宮去人間」五百由膳那大城四面周」囲鉄墻五官祠命祠録倶」生神等各染筆記善悪業」庁前有二人頭幢罪人向」之従幢口吐熾燃猛火善」人向之自幢口雨青蓮房

経云取意五七日遇閻羅王」裁断冥官策罪人髪仰面」令見業鏡先業毫末無差」諍声於茲息亡人驚悔逼」心前知有業鏡敢不造」罪覧鏡如削身争令知」苦悩

と読まれ、書体は他のいずれとも相異する。しかし、部分的には人道苦相第一図の題辞と共通する筆僻もあり、また最後の二字は地獄図の題辞に類似する書風もあり、その間に一脈の関連が想像される。

すなわち、本図は、他の図と同群の作ではあるが、画題は厳密な意味で前節に述べた十二図と並ぶべき六道絵にあらず、また『譬喩経』や『優婆塞戒経』の説話画とも異なり、

この一群中では全く特殊な存在というべきである。題辞の文もことさらに「経云」とことわり、『往生要集』には見られぬもので、『地蔵菩薩発心因縁十王経』の閻魔王庁の記述などにやや近いものである。(4) 従ってここに当然「かかる図様が往生要集絵解と呼ばるべき一群の絵画中に混在するのは何故か」という問題が起って来る。この疑問に関する一応の解釈を与えるために、しばらく聖衆来迎寺の所蔵品を離れて、禅林寺と当麻寺奥院の「十界図」について、簡単な考察を記したい。

(1) 画家は全図を中国様に描こうとしているが、中国の武装に関する充分の知識がなかったのか、この部分の向って右の二人物には、明らかに日本風の甲冑を著せている。

(2) 地獄の釜の中には、鬼に苦しめられる亡者が見えるが、それは、おそらく比丘の母を意味するのであろう。

(3) 中段に描かれた松の写実的な描法と、上段に見える樹木の象徴的な描法との相異は、人界と天道を区別しようと意図した結果に他ならない。

(4) ちなみに『地蔵菩薩発心因縁十王経』の記述は左のごとくである。

第五閻魔王国地蔵菩薩

閻魔王国自二人間地一去二五百臾善那一名二無仏世界一亦名二預旆国一亦名二閻魔羅国一大城四面周囲銕墻四方開二銕門一左右有二檀茶幢一上安二人頭形一人能見二人間一如レ見二掌中菴羅之果一右黒闇天女幢左太

山府君幢爾時世尊告二大衆一言謂諸衆生有二同生神一魔奴闍耶（同生略語）左神記レ悪形如二羅刹一常随不レ離悉記二小悪一右神記レ善形如二吉祥一常随不レ離皆録二微善一総名二雙童一亡人先身若福若罪諸業皆書尽持奏二与閻魔法王一其王以レ簿推二問亡人一筭二計所作一随レ悪随レ善而断分レ之復二幢主以二人頭所見一重奏二彼王一次有二二院一一名二光明王院一二名二善名称院一光明王院於二中殿裏一有二大鏡台一懸二光明王鏡一名二浄頗梨鏡一昔依二無遮因一感二一大王鏡一閻魔法王向二此王鏡一鑑二自心事一三世諸法情非情事皆悉照然復圍二八方一毎レ方懸二業鏡一一切衆生共業増上鏡時閻魔王同生神簿与二人頭見一亡人策レ髪右繞令レ見即於二鏡中一現二前生所作善福悪業一一切諸業一各現二形像一猶如三対レ人見二面眼耳一爾時同生神従レ座而起合レ掌向レ仏説二是偈一言

我閻浮如レ見　今現レ与二業鏡一　毫末無二差別一　質影同一相

爾時亡人驚悸逼レ心頌曰

前知レ有二業鏡一　敢不レ造二罪業一　鑑レ鏡如レ削レ身　何此知二男女一（下略）

四　禅林寺十界図

禅林寺には聖衆来迎寺の十五幀とはかなり違った「十界図」二幅（図17・18）を伝えている。この図については、何の寺伝もないが、箱蓋の表に「十界之図、二幅対、洛東禅林寺」とあり、裏には「養空和尚代」とあるところから、この図は本寺第四十四世の住職養空霊徹の代に、すなわち延宝頃（一六七三―一六八一）に既に、本寺に伝えられていたらしいことと、「十界之図」と呼ばれたことが考えられ、各幅の裏書[1]によって、この図が享保十三年（一七二八）に修覆されたことが判明する。

一幅は地蔵を中心とし、他幅は弥陀を中心として、六道の諸苦相を描いているが、六道配置の順からみて、地蔵を中心とする図が左幅（すなわち向って右）、弥陀を中心とする図が右幅（向って左）かと思われる。

まず左幅を見ると、画面は上下の二部に分れ、上部には地蔵を中心にして左右に十王を配置し、下部には地獄と餓鬼の種々相を描いている。上部は整然と構図され、図中の貼紙や記入によって各王の名前も判り、傷みも比較的少ないが、下部は極めて複雑で、傷みが上部より著しい。右下端は三途川の老婆の前で衣を差出す二人の女と、橋を渡る男女を描き、その左には地獄の門辺に一比丘が佇（たたず）み、門内には、衆合・叫喚・大叫喚・焦熱・無間などの諸地獄のすさまじい苦相が展開する。画面中央の下部に罪人が銅狗（どうく）や蟒蛇（もうだ）の吐く猛火に悩みながら舌に釘をうたれる所は阿鼻地獄であり、その上に亡者が獄卒に串刺にされて焼かれる場面と、鉗で口を開かれ銅汁を注がれる光景は叫喚地獄である。叫喚地獄の左に、杭に繋がれた亡者が舌を抜かれる部分は大叫喚、そのすぐ左に、鬼に苦しめられる童児を見て老人の歎く所は衆合地獄、また、無間地獄の左に樹上の美人に近づこうと木をよ

図17　十界図（左幅、禅林寺）

じのぼりながら剣となった枝や葉に身を割かれる男や、大河の中で獄卒に弓箭や棒でさいなまれる状景は衆合地獄を意味している。この阿鼻叫喚の裡に、地蔵が現われて亡者を救済する姿が見受られ、その右後方には、地獄の釜が割れて救われた罪人が、今や童子となって瑞雲に乗って飛去る所が描かれている。画面左下隅は餓鬼道で、食水餓鬼や火の塊（?）を食う餓鬼、昼夜に五人の子を産んではそれを食べて飢をしのぐ餓鬼などが写してある。

つぎに右幅を見ると、図の上部中央に弥陀を描き、その傍に一高僧の合掌するところをうつし、左右と下部とに、畜生・阿修羅・人・天四道の諸苦相を配している。画面右下は牛・馬・鹿・猪・蛇・蛙・みみずなどが互に迫害したり、人間に苦しめられたりする畜生道の光景であり、右上隅は争闘する阿修羅道のありさま、左上隅は宴遊する天女と五衰相をあらわした天女を描く忉利天の場面である。余はすべて人道で、生・老・病・死の四苦相や、愛別離苦・怨憎会苦・求不得苦・五陰盛苦などの諸相を描いている。

すなわち、本図は聖衆来迎寺遺品とは異なり六道とともに弥陀や地蔵・十王・高僧なども描いてあるから、これを「十界図」と呼んでも、さして矛盾は生じない。しかし、六道の諸相がかなり詳細に構図されているのに較べると、仏や菩薩・声聞・縁覚などの各道のありさまは、具体的にはなんら描かれてはいないのであって、その点からいえば、本図は弥陀・地蔵・十王などを加えた六道絵と見るべきで、やはり特殊な六道絵と呼ぶ方が適切なように思われる。いうまでもなく、弥陀は西方浄土の主尊であり、地蔵は六道の衆生を救済する菩薩であって、この仏と菩薩は念仏信徒の間では、古くから盛んに信仰されていた。従って、その造像礼拝もしきり

図18　十界図（右幅、禅林寺）

に行われたから、弥陀や地蔵が六道の絵相と結びつくのは、至極当然の順序である。[2] しかし、ここに十王が描き加えられていることは、やや珍しい図形で、この点については多少の考察を必要とする。

わが国では十王図は宋、元画の影響をうけて、鎌倉時代以降しばしば制作されているが、それらは一王ずつ十幅に描かれるのが普通であり、各王の前に、亡者の裁断される光景などを配することが少なくない。この図の十王の部分は、それら十王図と近似しており、五官王とその前に獄卒に引かれる母親が、追いすがるわが児を振りかえる形は、高野山成慶院所蔵十王図の五官王の幅に描かれたものと同じであり、メトロポリタン美術館の西金居士筆と伝えられる元画五官王図とも一致する。この点から推して本図の十王を描く部分は、宋、元画の影響を受けていることは確実らしいが、かかる十王像が、地蔵とともに六道絵に結びつけられたのは何故であろうか。ここに思い出されるのは、唐末以降の大陸における地蔵十王の信仰と、地蔵十王図の流行とに他ならない。

十王とは、もちろん、冥府で亡者の罪業を裁断する十人の王の謂いで、その信仰は遠く中国六朝時代に淵源するが、それが、六道救済の地蔵菩薩の信仰と結びついたのは、唐末に『預修十王経』が出現した結果である。そして『十王経』によって、地蔵十王の信仰が普及すると共に、それは『還魂記』の道明に関する説話とも関連して、地蔵十王図という新図様が、唐末頃から急に世間に流行することになるのである。現に、大陸には五代、宋、元の各時代を通じて多くの地蔵十王図をとどめているが、その中には、本図の図様と類似したものが少なくない。試みに、ギメ博物館の太平興国八年（九八三）の年記のある地蔵十王図（図19）とこの図の図様とを比較すると、本図では、地蔵が頭巾を被らず、獅子と道明が省略され、六道相が遥かに複雑に構図され[3]、十王の前に亡者裁断の状を写すなど、細部にかなりの相異はある。しかし、地蔵菩薩を中心に、左右に十王を配し、六道相をも描き加えるという大体の構成は、両図共通しており、本図のごとき図様は、おそらくは大陸のかかる地蔵十王図に因縁するものと思われる。この場合、六道相の表現が、地蔵十王図に比して、著しく複雑なことは、六道思想が早くわが国に伝えられ、六道絵はわが藤原期を通じて次第に大和絵化されていたために、その複雑な六道絵に、新渡の地蔵十王図様が結びついた結果かと推察される[4]。

図19　地蔵十王図（ギメ博術館）

わが国では、地獄を中心とする六道思想は平安時代前半期から行われるが、地蔵十王の信仰は、特に藤原末期以降に盛んになったのであり、十王図の遺品中には藤原末期にわが国で成立したといわれる『地蔵菩薩発心因縁十王経』を典拠とするものも少なくない。従って、かかる図様の成立も、わが国では鎌倉前期をあまり溯らないものと思われる。嘉禎二年（一二三六）十月の仏光寺堂供養の願文は、同寺三重塔の第三層に、地蔵・舎利弗（しゃりほつ）・閻魔（えんま）の三彫像が安置され、閻魔宮や十王および六道衆生往生人などが描かれたことを伝えているが(5)、これなどは、地蔵十王と六道相を同時に表現した点では、比較的古い例ではあるまいか。

つぎに、本図の制作年代は、各部が種々の古図を参考として描かれているので、図様上から推定するのは容易でないが、描線、彩色、全体の画調などから概観すれば、明らかに鎌倉後期以降に属し、おそらく、南北朝時代前後のものと見られよう。筆力は聖衆来迎寺遺品に劣り、構図やや散漫、画絹のいたみもひどく、そのためにかなり画趣を損じている。しかし、南北朝時代、室町初葉の遺品中では相当の地位を占め得る仏画であり、人道諸苦相の部分などは絵巻物的な風俗画として興味がある。さらにはまた、本図はわが国六道絵と地蔵十王図の交渉を物語る貴重な遺品としても注目される(6)。

（1）裏書は両幅ともに「十界之絵二幅之内、洛東禅林寺、享保十三年戊申年十月十五日修覆」とある。

（2）金戒光明寺の山越形式の三尊来迎図屏風に附随する浄穢両土を描いた屏風には、下部に地獄や人道を写し、上部に浄土の光景を図し、浄土には弥陀三尊を配している。二河白道図では、下部に人道や畜生道を、上部に弥陀を中心とする浄土を描くのが普通である。また、来迎図には、弥陀三尊の外に特に地蔵を加えた四尊来迎図が往々見受けられ、地蔵一尊来迎図も存在し、東京国立博物館の地蔵図のごとく、地蔵に六道相を加えたものも現存する。

（3）弥陀の傍らに端坐合掌する高僧は、その容貌からは何人であるか推定に苦しむが、あるいはこの種の地蔵十王図に因縁して、地蔵の傍に描かるべき道明が、ここに移されているのかとも思われる。

（4）地蔵十王図については、松本栄一博士が『燉煌画の研究』に詳述しておられる。

（5）『願文集』の左の記載による。

能勢郡仏光寺堂供養

敬白

建立三重宝塔一基

第一重奉造立安置釈迦如来　薬師如来　阿弥陀如来　弥勒菩薩像一體　梵釈四王六天

第二重奉書写安置五部大乗経各一部　浄土三部経　金光明経　仁王般若経

奉図絵釈迦八相儀　アミタ三尊光明像　アミタ来迎儀　九品浄土儀

第三重奉造立安置地蔵菩薩　舎利弗尊者　琰魔法王各一體

奉図絵琰魔宮幷十王像　六道衆生往生人等

（中略）

嘉禎二年十月日

弟子沙弥敬白

（6）ちなみに原家所蔵の十王図は鎌倉時代の作といわれるが、その図は二幅仕立で各幅の上半部に五王を配し下半部に地獄の諸苦相を現わして、本図に相類する図様のものである。

五　当麻寺奥院十界図

聖衆来迎寺の十五図、禅林寺の二図とともにわが国の十界図として著名なものに当麻寺奥院所蔵の六曲一双の屏風絵がある。[1]『本朝画史』の恵心の条に、

諱源信、姓卜氏、和州人、寛仁元年化、常作二弥陀来迎図一、且雕二刻之一、今和州当麻寺中有二十界図屏風一、又洛東新黒谷有二二河白道図屏風一、蓋上古風致也

といわれるのがそれであって、寺伝には図中の色紙形の題辞の書は伏見天皇御宸筆、画は恵心僧都の作という。

図様は、向って右より左へ、三途の川、閻魔王庁から始めて、地獄・餓鬼・畜生・阿修羅・人・天の六道諸相を展開し、最後に当麻寺らしい寺院[2]を描き、そこに大きく観経変相

図を写している。各扇に二つずつの色紙形があり、それぞれの図様にちなんで『要集』の要文や『金葉集』の和歌などを記している。六道の諸相に浄土変相図を結合させたもので、それに寺院の境内などをも写しており、画題より見れば、十界図と呼んでもさほど不都合を感じない。しかしながら、厳密にいえば、本図もやはり特殊なる六道絵と呼ぶ方がさらに適切かと思われる。

また、本図は聖衆来迎寺や禅林寺の二点に較べると、余りにも風俗画的、装飾画的傾向が著しい。例えば、左右両端の上隅に大きく金銀泥を以て日・月を描いて日月屏風の形式をとり、随処に金銀の箔・砂子・野毛を散らし、胡粉のもりあげ彩色を試み、また形式化された霞によって画面各部を区切るなど、その描法は極めて派手で、六道のおぞましさを感ずるより、むしろ一種の華やかさが印象される(3)。山間に花見をする人の群や、犬と戯れる童児、咲き匂う桜花の下に宴遊する人々、あるいはその料理の準備をする下僕達、または堂前の歌舞、奏楽の光景など、さながら楽しい風俗画で、これを仏画と見ることは多少躊躇される画面である。

『寺社宝物展閲目録』は、本図を、

恵心僧都真跡十界屏風　色紙形伏見院宸翰

画伝にも恵心僧都筆之由所見有レ之、寺僧も同様申伝候得共、恵心の筆とは相見不レ申、大抵東山殿時代之画と相見候由、内記申候、尤色紙も伏見院宸翰ニは無レ之と記しており、これによって、寛政四年（一七九二）に広行は本図を「東山時代之画」と推定し、栗山は書を「伏見院宸翰に非ず」と断じたことがわかる。広行のいうごとく、この図は聖衆来迎寺や禅林寺の遺品とは比較すべくもない新図であって、制作年代は到底室町後期を溯らない。大画面の力作ではあるが、仏画としてはすでに末期的作例といわねばならない。

（1）紙本濃彩、各隻縦一四一・五センチ、横三〇五・七センチ。

（2）ただし本図の塔が五重に描かれている一事によっても明らかなごとく、必ずしも当麻寺の境内を忠実に描いてはいない。

（3）例えば、餓鬼道をあらわす場合に、わずかに山間に一餓鬼の上半身を示すに過ぎず、それに対して人道の描写はいかにも楽しげに、広い画面を占めている。

六　再び聖衆来迎寺十界図

禅林寺と当麻寺奥院の「十界図」から再び聖衆来迎寺の閻魔王庁図に立戻ろう。禅林寺と奥院の両図に閻魔王の描かれていることを知り、鎌倉、室町時代において十王信仰が盛んだったことを思えば、聖衆来迎寺の一群中に本図が存在するのは、それほど不審ではないと思う。しかし、忠実に『要集』に拠って描かれたこの絵画群に、『要集』以外から題辞を引き、図様上もやや変った形のものが含まれている点には何か相当の理由がありそうである。

本図の閻魔の前に描かれた司命・司禄の姿と、王宮の柱の立体的表現の関係には明らかに不自然なところがある。この部分は、画家の不用意を示すとともに、本図には何か他に原図のあったことを想像せしめる。もしこの図に原画があったとすれば、そこに直ちに考えられるのは、鎌倉期における十王画像に他ならない。前庭に描かれる亡者のうち、鏡に前世の罪業を写し出される部分は、ほとんどすべての十王図中の閻魔王図に描かれるもので、本図題辞もこの鏡について触れている。しかし、獄卒に引かれる母とそれに追縋る幼児の部分は、普通の十王図では五官王の前に配置される図形であって、これが閻魔の前に配されることは珍らしい。題辞もこの部分については沈黙をまもっている。この図形は禅林寺のものとは異なり、二尊院や浄福寺、原家所蔵の十王図の五官王図に見える形と一致し、大徳寺の中国画十王図の系統を追うものである。かかる図形が、ここに描かれていることは、本図が十王図と密接な関係を持つことを語るとともに、これが、(十王図の一幅として作画されたものでなく)始めから独立して描かれた閻魔王庁の画面なることを暗示する。

これを換言すれば、聖衆来迎寺の十五図中にこの図が混在するのは、『往生要集』にどこか閻魔王庁について言及した部分があって、それを絵画化する必要上、画家が当時流行した十王図を参考としながら、構図したものと臆測されよう。それでは、その部分はどこか。本図は他の十四図中のどの部分に位置せしむべきものであろうか。

前述の『六道絵相略縁起』は全十五図を左のごとく配置する。

第一　閻魔王界罪科軽重決断所図
第二　等活地獄殺生罪科図
第三　黒縄地獄殺生偸盗者罪科図
第四　衆合地獄殺生偸盗邪婬罪科図
第五　無間地獄四重五逆者罪科図
第六　餓鬼道飢渇苦図
第七　畜生道禽獣虫残害図
第八　修羅道常論闘図
第九　人道九相図
第十　生老病死四苦相図
第十一　生別死別風火水不慮難図

第十二　山海空市無常相図
第十三　殺父業因念仏功力図
第十四　念仏證拠図
第十五　天道歓楽図

右によれば、寺では、江戸時代に、本図をこの一群の第一に位置せしめたことは明瞭である。禅林寺の二幅では六道相の上に地蔵十王を配置し、当麻寺奥院の屏風絵でも六道相の前にまず三途川や閻魔王宮の光景が描かれていたのであって、この種の絵画において、冥府の閻魔王が亡者を裁断する光景をその最初におくことはいかにも適当な配置と思う。しかし、『要集』は本文第一厭離穢土の項を、前述のごとく、

大文第一に厭離穢土とは、夫れ三界は安きことなし、最も厭離す可し。今其の相を明さば、総べて七種有り。一には地獄、二には餓鬼、三には畜生、四には阿修羅、五には人、六には天、七には総結（むすび）なり。第一に地獄にも、亦分つて八と為す。一には等活、二には黒縄、三には衆合、四には叫喚、五には大叫喚、六には焦熱、七には大焦熱、八には無間なり。初に等活とは、此の閻浮提の下、一千由旬に在り（下略）

と説き起しており、その記述によると、これら十五図の最初に配置されるべきものは等活地獄図であって、その前に閻魔王庁図を置くことは躊躇される。なおまた、『六道絵相略

縁起』は譬喩経説話図と優婆塞戒経説話図を、第十三・十四に位置せしめ、天道図の前に挙げているが、『要集』によって制作されたこれらの図が、同書の記述通りに天道図の後に位することも明らかである。従って、『略縁起』の配列は、近世に適宜工夫されたものらしく、[1]これらの図は、(本図以外は)『要集』の叙述を追って、本章第二・三節に挙げた順序に配列されるのが至当と思う。

かくて、閻魔王庁図の置かるべき位置を『要集』中に求めると、恵心は大焦熱地獄の条に、左のように述べているのに気付くであろう。

七に大焦熱地獄とは、焦熱の下に在り。縦広前に同じ。苦相も、亦同じ。但し前の六の地獄の、根本と別処との一切諸苦を、十倍して重く受く。具に説く可からず。其の寿、半中劫なり。殺、盗、婬、飲酒、妄語、邪見をし、茲に浄戒の尼を汙せる者、此の中に堕つ。此の悪業の人は、先づ中有に於て、大地獄の相を見るに、閻羅人有つて、面に悪しき状有り、手足極熱して、身を捩らし肱を怒らす。罪人これを見て、極めて大に怯怖(おそ)る。其の声、雷の吼ゆるが如く、罪人これを聞いて、恐怖更に増す。其の手に利刀を執り、腹肚甚だ大にして、黒雲の色の如し。眼の炎は燈の如く、鉤(まが)れる牙は鋒のごとくに利し。臂手皆長くして、揺り動かして勢を作すに、一切の身分は、皆悉く麁(あら)く起つ。是くの如き、種々畏る可き形状にて、罪人の咽(のど)を堅く繋(とら)ふ。是くの如くして将ゐ去るに、六十八百千由旬を過ぎて、地海洲城、海の外辺に在り。復た行くこと三十六億由旬にして、漸々に下に向ふこと十億由旬なり。一切の風の中には、業風を第一とす。是くの如き業風、悪業の人を将ゐ去つて、彼の処に到る。既にして彼に到り已れば、閻魔王、種々に呵責す。呵責さるること既に已れば、悪業の羂をもつて縛られ、出でて地獄に向ふ。遠かに大焦熱地獄の、普く大炎の燃ゆるを見る。又地獄の罪人の、啼き哭ぶ声を聞く。悲しみ愁へ恐れ魄れて、無量の苦を受く（下略）

すなわち、恵心は大焦熱地獄の条では、等活・黒縄・衆合などの諸地獄を述べる場合と違い、その苦相については、「苦相亦同じ」と略説して、そこに閻羅王（獄卒の意）・閻魔王に関する記事を収めているのである。『要集』には、ここ以外には閻魔王に言及する部分が比較的少なく、本図はおそらく右の記述に因縁して、大焦熱地獄図の代りに描かれたものと推察される。そして、この部分は厭離穢土の項のうちでは、『要集』の記述はやや特殊な形式をとるために、画家は十王図などの図様を参考として適宜構図し、題辞も他の経典に基いて「経云」という変った形式を用いたものと想像される。[2]

閻魔王庁図を右のように解釈すると、「それでは、この一群中に、要集同項に説く、叫喚・大叫喚・焦熱等の地獄図が何故描かれなかったか、この一群の絵画は始めから十五図しかなかったのか」という点が、当然問題になってくる。前引の『二水記』の記事は多分この一群を指すらしく、寺伝の元亀年間（一五七〇―一五七三）の四聖界図焼失説はもちろん信ずるに足りないが、現在の十五幅が、『要集』とかくも密接な関係を持つ以上（特に十三図がすべてその第一項によって描かれたと見られる以上）、浄土の部分はあるいは描かれなかったにしても、少なくとも右の地獄図は存在したかのように思われる。[3] しかし、これについてはなお考うべき節があり、[4] いまだ充分の解決を下すに至らない。大方の御教を仰いで、他日再考の時を待つこととしたい。

さて、以上に述べた所により、わが国「十界図」の代表的遺品の画題については、ほぼ明らかになったと思う。聖衆来迎寺の所蔵図は「往生要集絵図」と称すべきもので、六道絵が中心となり、それに『譬喩経』と『優婆塞戒経』の説話画二図と閻魔王庁図とが加わっている。禅林寺の所蔵図は、特殊なる六道絵と見るべく、六道相に弥陀・地蔵・十王・高僧などが加わっており、大陸の地蔵十王図や十王図の影響が認められる。当麻寺奥院の所蔵図は、日月屏風にちなむ一種の風俗画ともいうべきもので、六道相に寺院境内見取図と観経変相図などが加わっている。要するに、これら「十界図」は、いずれも、正確な意味で十界をあらわしたものではなく、六道絵を中心に、種々の図様が描き添えられた遺品であって、個々の作例に適当な名称をつけることの困難から、総じて（六道絵にそれ以外の図様が加わったものという意味で）「十界図」と呼ばれたものかと推考される。[5]

（1）『略縁起』は天道図を「天道歓楽図」と呼んで、他の諸道の苦相に対し、本図は一つの救いをあらわしたかのごとくに扱っている。しかし、実は、本図は五衰相をあらわした天女が、己れを遠ざかる歓楽を想って、天道の果敢なさをかこつ画面であり、他の諸道図と同じくなんら救済の場面を示すものではない。

（2）本図のつぎに来るべき阿鼻地獄図が、題辞を書かぬことは、この閻魔王庁図の題辞の形式が特殊な形式をとったので、その図に、いかなる題辞形式を採るべきか迷った結果かとも思われる。

（3）禅林寺「十界図」の左幅には、現に、叫喚・焦熱両地獄の苦相が描かれており、西行もこれらの地獄絵を歌っている（註(5)参照）。

（4）『要集』は、叫喚・焦熱の両地獄についてはその苦相を記しているが、大叫喚・大焦熱の両地獄は「苦相亦同じ」として、わずかに別処の苦相を説くに過ぎない。従って叫喚・焦熱の両獄を示す二図はできたとしても、他の二つの地獄の苦相を絵画化するのは、他の図とのつりあいからいって、幾分困難かとも考えられる。

（5）十界図を六道絵の一特殊形と見る場合、これらの諸図と六道絵との比較研究が当然問題になってくる。詳細はいずれ後考をまつことにして、ここに試みにこれら十界図の図様が、部分的には、古くから行われたものであることを、歌集に見える地獄絵に関する記載から想

像しておこう。(家永三郎「地獄変について」『歴史地理』七六―五参照)

一 『拾遺集』雑下、(地獄のかたかきたるを見て) みつせ川渡るみさをもなかりけりなにに衣を脱ぎてかくらむ　菅原道雅女……禅林寺本・左幅右下隅。

二 『赤染衛門集』(地ごくゑにはかりに人をかけたるをみて) 罪はよに重き物ぞとき、しかどいとかばかりは思はざりしを……禅林寺本・左幅地蔵菩薩の下部。

三 西行『聞書集』(地獄ゑを見て) くろがねのつめのつるぎのはやきもてかたみにみをもほふるかなしさ……聖衆来迎寺本・等活地獄図左上隅。

四 西行『聞書集』(地獄ゑを見て、すなはとまうす物うちてみをわりけるところを) つみ人はしでの山辺のそまぎかなおの、つるぎにみをわられつ、……聖衆来迎寺本・黒縄地獄図右中段。

五 西行『聞書集』(地獄ゑを見て) なによりはしたぬくくこそかなしけれおもふことをもいはせじのはた……禅林寺本・左幅秦広王の下部。

六 西行『聞書集』(地獄ゑを見て) わきてなほあかゞねのゆのまうけこそ心にいりてみをあらふらめ……聖衆来迎寺本・阿鼻地獄図左中段、禅林寺本・左幅秦広王の下部。

七 西行『聞書集』(地獄ゑを見て) ちりはひにくだけはてなばさてもあらでよみがへらすることのはぞうき……聖衆来迎寺本・等活地獄図左上部。

八 西行『聞書集』(地獄ゑを見て、あみだのひかり願にまかせて、重業障のものをきらはず、地獄をてらしたまふにより、地獄のかなへの湯清冷のいけになりて、はちすひらけたるところをあらはせるを見て）ひかりさせばさめぬかなへのゆなれどもはちすのいけになるめる物を……聖衆来迎寺本・優婆塞戒経説話図下段、禅林寺本・左幅右下部。

九　西行『聞書集』（地獄ゑを見て、えむまの庁をいで丶罪人をぐしてごくそつまかるいぬゐのかたにほむらみゆ、罪人いかなるほむらぞと獄卒にとふ（略）かくてぢごくにまかりて、ぢごくの門ひらかむとて罪人をまへにすゑてくろがねのしもとをなげやりて、罪人にむかひてごくそつつまはじきをしかけていはく（略））……聖衆来迎寺本・阿鼻地獄図下部。

一〇　西行『聞書集』（地獄ゑを見て、ほのほにまくられて罪人ぢごくにいりぬ、とびらたて、つよくかためつ、ごくそつうちうなだれてかへるけしきあらきみめにはにずあはれなり、かなしきかなやいついづべしともなくて、くをうけむことは、たゞぢごく菩薩をたのみたてまつるべきなり。その御あはれみのみこそ、あか月ごとにほむらのなかにわけいりて、かなしみをばとぶらうたまふなれ。地獄菩薩とは地蔵の御名なり）ほのほわけてとふあはれみのうれしさをおもひしらる丶心ともがな……禅林寺本・左幅閻魔王の下部。

一一　西行『聞書集』（地獄ゑを見て、よのなかに武者おこりてにしひむがしきたみなみいくさならぬところなし）（略）……聖衆来迎寺本・人道苦相第二図。

一二　西行『聞書集』（地獄ゑを見て、中有の心を）いかばかりあはれなるらむゆふまぐれたゞひとりゆくたびのなかぞら……聖衆来迎寺本・阿鼻地獄図上段。

地獄絵

「地獄絵」という課題が与えられた。しかし、この課題に対する充分の解答を、私は、まだ持っていない。地獄の絵は、西域の地蔵十王図や、中国元時代の十王図、日本の平安時代の経巻の見返絵、平安末、鎌倉初期の地獄草子、その他鎌倉時代以後の六道絵・十王図などにいろいろの形で描かれている。文献によると、中国唐時代の寺壁に地獄絵はしきりに描かれたらしく、わが平安時代にもずいぶんたくさん制作された形跡がある。それらの個々の作品や文献的資料については、私にも多少意見があるものもある。しかし、「地獄絵の発生」とか「展開」というような、地獄絵全体の見通しについては、現在のところ、全く暗中摸索の状態である。いまは、二、三の文献と作品に関し、断片的に知り得たところを綴って、他日の地獄絵論の序説としよう。考察の未熟な点、または推論上の誤謬については諸賢の御示教をまって改めたい。

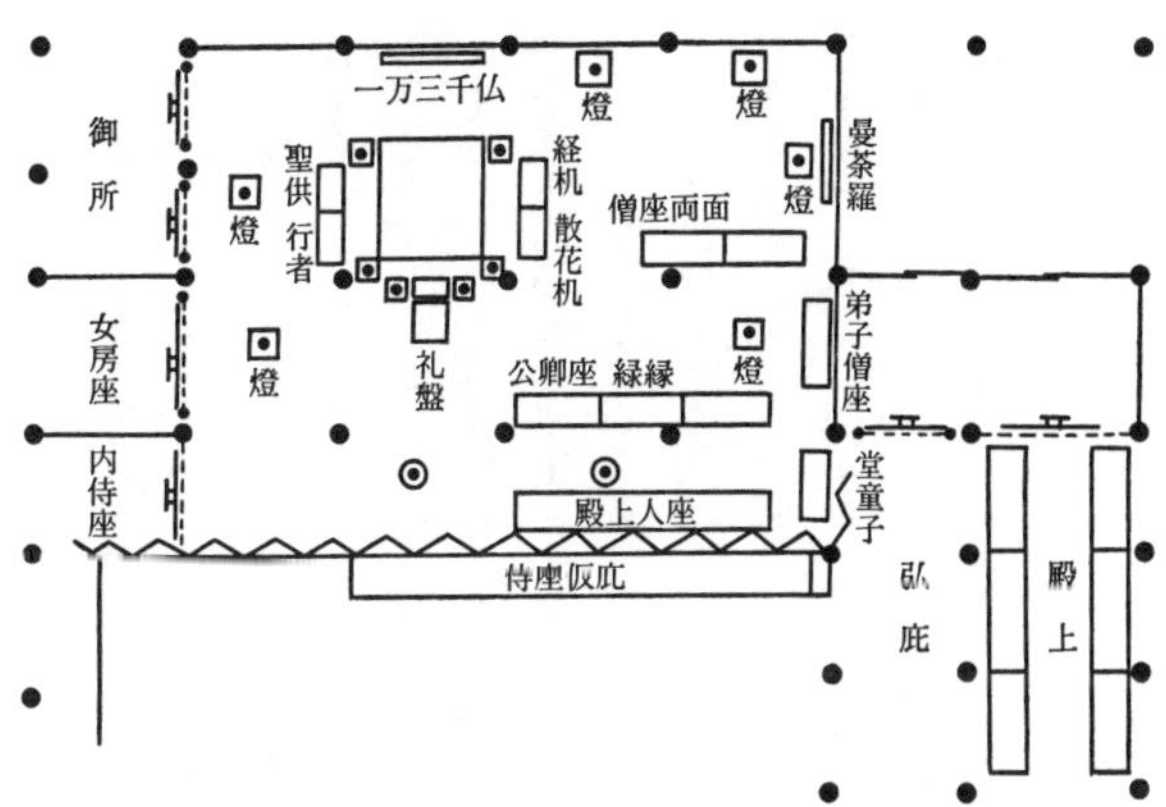

図20　仏名会における地獄屏風の位置（『兵範記』所収）

一

御仏名のあした、地獄の御屏風取りわたして、宮に御覧ぜさせ奉り給ふ。いみじうゆゆしき事かぎりなし。これ見よかし、と仰せらるれど、更に見侍らじとて、ゆゆしさに上屋に隠れ伏しぬ

（『枕草子』六十九段）

仏名会の翌日(1)、皇后定子が清少納言に地獄絵の屏風を「見よ」といったところ、男まさりの彼女は、地獄絵の恐ろしさに逃げかくれたという。これは平安時代地獄絵を論ずる場合、しばしば引用される有名な一節だが、仏名会に使用された絵屏風は、平安時代の地獄絵を探る有力な手がかりの一つである。

仏名会とは懺悔・滅罪のため仏名を唱える

行事で、宮中では承和五年（八三八）にはじめて行われ[2]、それ以後、毎年十二月二十日頃に三日間にわたって行われた[3]。地獄屏風がこの行事にいつから使われたか、はっきりしないが、寛平二年（八九〇）以前から用いられていたことは確実で[4]、多分、仏名会の始まりと時を同じくするのではないかと思う。十二、三世紀の文献[5]によると、仏名会には会場（図20）の正面（北壁）に一万三千の仏を描いた曼荼羅をかけ、その反対側（南縁）に地獄屏風を立てるきまりになっていたことがわかる。参会者は彼らの背後をとりまく地獄のすさまじい受苦相に戦慄し、一万三千仏の曼荼羅に向って一心に仏名を唱え、己れの罪業消滅を願ったのであろう。この屏風は「七帖七ケ間（「間」は柱間を意味する）に立てめぐらす」などといわれるように[6]、幅十メートル近い大画面であった。そして、仏名会は深夜十二時にはじまり朝の六時近くまで行われることになっていたから[7]、地獄の大画面は、真冬の深更、肌をさす寒さの中で、ほのぐらい燈火のゆらめきのうちに、「ゆゆしき」諸相をくりひろげるのが普通であった。仏名会はまた、たんに宮中だけでなく、それ以外の諸所でも行われたのだから[8]、地獄屏風の阿鼻叫喚は十二月の夜々、仏名会を行う家ごとにとどろきわたったことと思う。

（1）金子元臣氏によれば、これは正暦四年（九九三）十二月二十二日のこととされる。
（2）『続日本後紀』承和五年（八三八）十二月己亥の条参照
（3）平安末、鎌倉時代になると、年末多事のため一日ですますことも多くなった。『建武年中行事』には「御仏名十九日より三日なれど、いまは大やう一夜也」とある。
（4）『唯蔵人式』に仏名会の地獄屏風が見えているが、同書は『侍中群要』によれば寛平二年（八九〇）の撰進である。
（5）『兵範記』長承元年（一一三二）十二月二十二日の条や、『勘仲記』建治二年（一二七六）十二月二十五日の条、『雲図抄』十二月十九日の条などに仏名会の指図が記されている。
（6）『雲図抄』の仏名会の図に「此地獄変御屏風七帖七ケ間也」と記されている。図20は『兵範記』所収の図によった。
（7）『中右記』康和五年（一一〇三）十二月二十六日・永久三年（一一一五）十二月二十日・天治二年（一一二五）十二月二十一日の条に「亥一剋」に鐘を打つのを合図として仏名会が始まることを記しており、『小野宮年中行事』の御仏名事の条には「第一夜　初後夜（中略）第二夜　初夜自亥一点至子一点　半夜自子二点至丑二点　後夜自丑三点至寅二点　第三夜　初夜自亥二点至子二点　半夜自子三点至丑二点　後夜自丑三点至寅二点」と記されている。
（8）『貫之集』の四に「人家に仏名の朝に導師の帰に法師ども庭におり立て遊ぶあひだに雪ふりかかれる梅花折」とあり、『中右記』天永三年（一一一二）十二月二十三日の条には「参中宮是御仏名也、次又参皇后宮御仏名也、（中略）同夜両所御仏名頗以不便也」とある。

又古くは貞観十三年（八七一）九月と同十八年（八七五）六月とにそれぞれ七十二鋪と二十九鋪の一万三千仏画像を各地に配布しているが、これも仏名会の全国的普及と関係があるように思われる。

二

おなじ宮程なくうせさせ給ひての御忌に、姫宮の御まへ御堂におはしましに十さいだうの地獄のゑを人々よむに、十八日つるぎに人のつらぬかれたるを

いかにせん　剣の枝のたはむまで
おもきはつみの　なれるなりけり
（『弁乳母集』）

藤原道長の次女三条天皇の中宮妍子（九九四―一〇二七）の「御忌」は法成寺の阿弥陀堂で行われた[1]。この歌は、妍子の娘禎子につきそった弁乳母が、法成寺十斎堂の地獄絵に剣に人のつらぬかれているところを見て、罪の自覚をよんだものと思われる。十斎とは懺悔滅罪のため毎月十日間斎戒を保つことで[2]、中国では唐末から行われ、日本でも藤原期以降に流行した法である。十斎堂とは、その法を修めるため十体の仏像を安置する堂で、法成寺の十斎堂は、藤原道長により寛仁四年（一〇二〇）に創建されたものである[3]。弁乳母は、この堂の地獄絵のうち「剣の枝」の場面を詠んでいるのだが、経典によると、毎月十

八日観音像を礼拝して斎戒を保てば剣樹地獄におちるのをまぬかれるといい、その他の日にも、それぞれ九体の仏像を礼拝すると、九種の地獄におちるのをまぬかれると説いてあるから、[4]法成寺十斎堂の地獄絵は、剣樹地獄も含めて、合計十種の地獄を描いた複雑な画面だったと見ねばならない。そして、弁乳母の歌の詞や、経典の記事から考えると、その地獄絵にはあるいは閻羅王や大山府君・梵天王その他地獄の冥官が描き込まれており、「十八日」「二十四日」「三十日」などの文字も図中に記入してあったのではないかと臆測される[5]（図17・18）。

一世の栄華を誇った藤原道長の営んだ法成寺阿弥陀堂が、後の阿弥陀堂建築に影響するところ大きく、その扉に描かれた来迎図が鳳凰堂の扉絵とも密接な関係を持ったことは、既に周知の事実である。だから、法成寺阿弥陀堂のすぐ傍らに十斎堂が営まれ[6]、そこに地獄の大画面が存在したという推定は、仏名会における屏風の使用と共に、平安時代の地獄絵研究に重要な問題を提供するものといえるだろう[7]。

（1）『左経記』長元元年（一〇二八）九月九日の条
（2）『地蔵菩薩本願経』巻上讃歎品など
（3）家永三郎「法成寺の創建」（『美術研究』一〇四）参照

（4）燉煌出土の特殊経『地蔵菩薩十斎日』『大乗四斎日』

（5）この憶測から、禅林寺・原家・ボストン美術館に所蔵される十王像を伴う地獄絵が連想される。それらの図は皆鎌倉後期以後の作品で、十斎仏の信仰によらず、十王信仰にもとづいて描かれたものだが、一般の十王図と違い、地獄の描写が詳細かつ古様で、原家本などは、地獄絵の所々に文字が記入されている。法成寺十斎堂の地獄絵の図様はこれらの図の構図から、おぼろげに想像されるのではなかろうか。

（6）鶉飼峯生「法成寺抄」（『史迹と美術』二二七）参照

（7）この節に記すところは、拙稿「法成寺十斎堂の地獄絵」（『美術研究』一七六）に詳述した。

三

貞観十八年（八七六）七月十五日、生年十一、参鴨東吉田寺、見後壁有地獄画其図中図絵造罪之人受苦相、忽捨遊楽之心、即発入山之志

（『日本高僧伝要文抄』所引「尊意僧正伝」）

天台座主尊意僧正（八六六―九四〇）がまだ十一歳の少年だった頃、京都鴨河の東の吉田寺に参詣し、堂の後壁の地獄絵を見、罪人の受苦のすがたの恐ろしさに感じて、出家の

志を抱いたという。これはわが国の地獄絵に関する最古の文献とされている。中国唐時代にもこれに似た話があるから、[1]尊意の「入山之志」が果して地獄絵の受苦相に原因するかどうか多少疑う余地もある。しかし、吉田寺に地獄絵が存在し、それに罪人の苦しむすさまじい場面が描かれていたということは信じてもよいと思う。吉田寺がいつ建てられたか明らかでないが、この寺の付近一帯（吉田山・神楽岡）は、京都における無常所として古くから葬所・墓地などに使われており、[2]地獄絵が描かれるに最もふさわしい陰惨な雰囲気を持っていた。京都の無常所としては、この外に、鳥部野も有名だが、鳥部野には六道という所があり、小野篁（八〇二―八五二）が冥土に往来したところといわれている。[3]六道の珍皇寺（愛宕寺）にはいつからか小野篁像がまつられ、また、篁社や閻魔堂も存在していたのである。[4]

そして、おもしろいことに、このような地獄的雰囲気の土地に、平安後期から鎌倉時代にかけて、浄土信仰が特に盛んに行われた形跡がある。当時の人々は、鳥部野に近い阿弥陀峯を弥陀来迎の山路と感じ、山の端を出る月かげを待ち慕れたし、[5]また一方、吉田寺では永観律師（一〇三三―一一一二）が盛大な迎講を行って、人々の帰依を集めたのである。[6]下って承安五年（一一七五）法然上人が僧房を開き、それが後の金戒光明寺のもととなったのも、やはりこの吉田寺の近くであった。永観が吉田寺で行った迎講では、弥陀来迎の大画面が本尊として礼拝されたと想像されるが、[7] 吉田寺の地獄絵は、寺をめぐる陰惨な環境の中で、講衆に厭離穢土の想いを焼きつけ、――仏名会の地獄屏風や法成寺十斎堂の地獄絵のように――罪業懺悔の気持をはげしくかきたてたことであろう。

(1) 『続高僧伝』巻二十三「静藹伝」
(2) 杉山信三「吉田寺について」(『史迹と美術』二四二) 参照
(3) 小野篁の地獄めぐりのことは『江談抄』第三や『三国伝記』巻四などに見え、この話がもととなったのか、十王図や六道絵には篁の作と伝えるものが多い。また、寺々の閻魔堂に篁像が安置されるのもそのためである。しかし、篁信仰は六道において特に盛んだったように思われる。なおまた、この六道に対して、栖霞寺の附近に生六道という所があり、篁が冥土から帰って来た所と伝えている。
(4) 『山州名跡誌』巻七
(5) 今よりはあみたの峯の月かげを千代の後までたのむべき哉 (公任)
峯は……阿弥陀の峯…… (清少納言『枕草子』)
(6) 『拾遺往生伝』巻下永観の条、及び『中右記』天仁元年(一一〇八)九月四日・天永二年(一一一一)十一月朔日の条参照
(7) 永観の『往生講式』および拙稿「来迎芸術論」(『国華』六〇五、本書所収 第一章第九節) 参照

四

以上三節にわたって述べたところから、平安時代の地獄絵は概して複雑な構図を持つ大画面が多く、真冬の深更とか無常所とか、地獄絵にふさわしい環境の中で眺められることが多かったといえると思う。そして、特に注意すべきことは、地獄絵は、多くの場合、ただ地獄絵だけで存在したのではなく、仏名会の曼荼羅や十斎堂の仏像など、信仰の対象となるべきものを引立てる役目をし、いわば脇役的な存在だったということである。

地獄絵について、こう考えて来ると、時代は少し下るが、『二水記』の大永五年（一五二五）三月十五日の次の記事が問題になる。

午刻参内、比叡山一谷霊宝幷六道絵十五幅、及二被見一候処、金岡筆畏礼了

これによると、『二水記』の筆者鷲尾隆康は、宮中で比叡山の霊宝と六道絵の古画を見て、おそれ拝んだというのだが、彼が見た霊宝は高野山に現存する弥陀聖衆来迎の大画面であり、それに対する六道絵は、滋賀県聖衆来迎寺に現存する、あの六道絵のごとき一群だったと思われる。

高野の来迎図三幅は、来迎図中の最大作で、平安後期の傑作として知られている。図の裏面に天正十五年（一五八七）五月十五日と安永七年（一七七八）六月十五日の二度の修理

銘があり、それによると、この図はもと比叡山安楽谷に「恵心僧都真筆、一天無双之霊宝」として伝えられ、勅封の宝蔵に納められてあって、「毎年七月十五日仏歓喜之日」に限って勅使が開封したことがわかる。室町時代末期の歌人三条西実隆が、その日記に、

永正六年（一五〇九）十月十五日、安楽谷本尊恵心僧都筆来迎阿弥陀廿五菩薩像三幅、自二御所一可二拝見一之由被二仰下一、之結縁随喜者也

と記すのは、まさにこの図のことだが、三条西実隆がこれを見たのも、二度の修理が終ったのも、ともに十五日のことである。十五日は「仏歓喜之日」であり、阿弥陀如来の縁日であり、阿弥陀講や迎講が盛んに行われた当日でもあった(1)。室町末期に、この図が叡山安楽谷から宮中に取寄せられ、それを十五日に実隆が拝観した先例があるとすると、鷲尾隆康が大永五年三月十五日に宮中で拝んだ「比叡山―谷霊宝」は、ほかならぬこの来迎図だったと考えるのが自然である。

滋賀県聖衆来迎寺の六道絵十五幅は、現存する六道絵中の最大作で、鎌倉後期の力作として知られており、そのうちの地獄絵四幅と閻魔王庁図一幅は地獄絵の遺品中でも、最も注目すべき一群である。寺ではこの十五幅を十界図と呼び、もとは比叡山の霊宝だったと伝えているが、私はかつて、この図は十界図と呼ぶよりは六道絵というべきで、恵心僧都の名著『往生要集』の絵解き的性格があると説いたことがある(2)。近年この図の古い軸木が

発見され、それに記された銘によると、この図はもとは六道絵と呼ばれ、恵心僧都と関係の深い比叡山霊山院の宝物だったことが判明した。[3] 霊山院は叡山横川兜率谷にあった一院で、高野の来迎図があった安楽谷（横川飯室谷の別名、この谷に安来律院があるところからこの名を生じたらしい）の上方に当り、わずか十二、三町の近距離である。[4] 従って、聖衆来迎寺の六道絵十五幅が、安楽谷の本尊来迎図と共に宮中で拝観された可能性は充分にあり、来迎図と共に同じ勅封蔵に納められていたと考えることも可能である。ただし、高野の来迎図と聖衆来迎寺の六道絵とには、制作年代の上に開きがあり、後者にはそれより古い六道絵があったかと思われる節もあるので、[5] 隆康が見た「六道絵十五幅」をこの十五幅であると断定することは、なおしばらく留保したい。

本章ではこれ以上の推論をさしひかえるが、ともあれ、『二水記』の記事は、地獄絵の脇役的性格を示す一例である。仏名会の次第から類推すれば、隆康のいう「霊宝」と「六道絵」が、宮中でどのようにして礼拝されたかは想像に難くない。高野の来迎図と聖衆来迎寺の六道絵は（制作の時期こそ違うが）共に恵心僧都の思想を如実に反映する大作で、中でも六道絵中の地獄絵は、遺例少ない鎌倉時代の地獄絵として、（本稿で触れ得なかった地獄草子などとともに）極めて貴重なものといえるだろう。

（1）拙稿「来迎芸術論」（『国華』六〇五、本書所収　第一章第九節）参照

（2）拙稿「十界図考」（『美術研究』第一一九・一二〇、本書所収　第三章）参照

（3）蓮実重康「表具師能阿弥と来迎寺十界図」（『美術史』一〇）参照。なお、この軸木銘についてはさらに考うべき点があるが、それは別稿にゆずる。ただし、この図がもと霊山院の什宝だったことはこの軸木銘によって確実だと思う。

（4）このことは叡山文庫で同文庫主任の御好意により古地図を調べさせて頂いた結果判明した。

（5）ワシントンのフリーヤ画廊の所蔵品中に、この六道絵と比較すべき二図があり、その構図は聖衆来迎寺の遺品より古調を帯びている。フリーヤ画廊の図については別に紹介する予定である。

本稿を草するに当り家永三郎博士の「地獄変と六道絵」（『美術研究』一五〇）に啓発されるところが少なくなかった。記してもって謝意を捧げる。

浄土教の思潮と絵画——恵心・法然・親鸞の芸術観

浄土教の絵画は浄土教の信仰上いかなる役目を担っていたか。六道絵・二河白道図・来迎図・観経変相図などは何のために作られたものであろうか。

浄土教絵画制作の目的やその用途は、浄土信仰の変遷とともに変化する。同じ思想を表現した絵画でも、ある時は信徒の礼拝の対象として制作され、ある時は僧侶が人々に教理を説く絵解きとして制作されているのである。もし仮りに、わが国浄土教の大成者恵心の信仰を以て平安時代の一般信仰を代表するものとすれば、浄土宗の開祖法然の信仰は鎌倉時代の新しい信仰を代表するものといえるであろう。そしてまた、浄土真宗の祖親鸞のそれは、鎌倉末、室町以降の新傾向を代表するといえるかも知れない。試みに、三聖人の浄土芸術に対する態度を比較しながら、浄土教の信仰と絵画との関係を考えよう。

一　恵心の場合

恵心僧都は天台の碩学（せきがく）でありながら「余の如き頑魯の者は顕密の事理教行は成し難い」（『往生要集』上巻）と自ら反省して、当時流行していた複雑難解な宗教を捨て去り、浄土教という簡明平易な宗教を提唱したが、彼の浄土教は極めて芸術味豊かであって、その信仰は芸術と密接不離の関係を持っている。

彼は「我々の生活する現実界は、不浄な苦しい果敢ない世界だが、この世界の外にも、それと同等あるいはそれ以上に陰惨な五つの世界があり、信仰心を持たぬ者はその六道に輪廻転生する」と説き、「しかるに、この恐るべき世界から遥か離れて、美しく楽しい数（いく）つかの世界が存在し、その中で最も楽しい理想の世界は、西方にある弥陀の浄土で、この西方極楽浄土こそ、我々が往生すべき所である」と教え、「我々が六道を離脱して、極楽浄土に生れるためには、何よりもまず菩提心を発して念仏を修めねばならぬ」と主張している。すなわち、彼の浄土信仰においては、菩提心を発して念仏を修めることが、最も重要な問題なのだが、その菩提心を発すること、念仏をすることは共に芸術と至極密接な関連を持つのである。第一に、彼の念仏思想から考えよう。

観念念仏と弥陀画像

恵心の主張する念仏とは、天親の説いた五念門を念仏の正業とし、他に六種の方法を設けてその助業としたもので、浄土往生の目的を遂げるためには、正業と助業とを合せて行うという趣意である。換言すると、彼の念仏思想の中には、観念念仏と、称名念仏の二つの要素が含まれていて、何れを主ともいい難いが、その中の称名念仏（口に仏名を称えること）は、浄土教美術の研究には見逃すべからざる思想である。彼の観念念仏とは、すなわち見仏三昧の法であって、弥陀如来の姿を心に描いたり、弥陀来迎や浄土往生の光景を胸に描いて、それを子細に観察することをいうのである。

まず、端坐瞑目して、心に弥陀の姿を描き、譬えようもなく美しい弥陀の蓮華座を眺めてから、秋の月のように清浄円満な弥陀の尊顔を観察し、次ぎには、胸・腹・脚を観察する。尊顔より脚部へ、脚部より尊顔へと、それを十六回ほど繰返すと、心は自ら安らかになり、大光明に包まれた万物には、すべて仏の姿が宿るかと思われる。そして最後に、弥陀の白毫を観察すると、心にいい知れぬ法悦が湧くという。もしまた、このように弥陀の相好や華座を精密に観念するに堪えない時は、われわれは来迎の相や浄土の相を胸中に偲ぶのである。かくして、常に弥陀の姿を心に描く習慣をつけておけば、死期が迫って身心ともに朦朧とした瞬間に、日頃観察し続けた麗わしい幻想があらわれて、われわれは恍惚として浄土に往生することが出来るという（『要集』巻中、正修念仏観察門）。

恵心は念仏を説くに当り、弥陀の蓮華座や相好を説明して微細を極め、その姿の美しいことはあたかも「天の画師の作るところの画法の如し」と述べている。すなわち、彼によれば、われわれが自ら天の画師となり、心に弥陀を描くこと、それがすなわち観念念仏で、浄土往生に不可欠の見仏三昧の法である。

しかも、恵心は、念仏を助ける手段として、弥陀像を用うべきことを教えている。「三昧の道場に入らんと欲する時は、もつぱら仏教の方法に依つて、先ず須らく道場を料理い、尊像を安置し、香湯をもつて掃き灑ぐべし、若し仏堂無くとも、浄房有らば亦得たり。掃き灑ぐこと法の如くし、一の仏像を取つて、西の壁に安置せよ。（中略）道場の中に於ては、昼夜に心を束え、相続して専ら弥陀仏を念ぜよ」と。従って、彼の浄土信仰においては、弥陀画像は明らかに重要な役割を演じている。当時の浄土教信徒は、観念念仏の助けとして、専ら弥陀像を礼拝し、時に来迎図や観経変相図をもって、浄土往生を悲願したのであった。例えば、法華寺の弥陀画像は、左右上隅の色紙形に四種の要文を記しているが、それは大部分恵心の『往生要集』にも引用された要句であって、それを読むと、同画像が観念念仏の対象として制作されたことは明瞭であり、尊顔より脚部へ、脚部より尊顔へと繰返し観察されたものと想像される。

菩提講・迎講と来迎図

恵心が浄土往生を遂げるための最も重要な手段とした菩提心を発することと念仏を修めることのうち、念仏については略述したが、次に菩提心を発することについて、考えよう。『往生要集』には、われわれが六道を離脱するには、まず浄土門に帰依する心を起すことが先決問題だから、信者はよろしく、菩提心を発し、それを持続強化する為に、同志の人々二十五名とともに菩提講を組織している。菩提講とは、浄土を信ずる同志の人々が、毎月十五日の夜、一夜不断の念仏をして、互に菩提心の育成を期する一種の宗教結社であって、その講では、人々はひたすら弥陀の来迎を祈り、また、もし同志の一人が重病に罹るような場合には、その人を弥陀像の安置してある往生院に運んで、皆で病者の極楽往生を祈願し、念仏することを誓うのである（『二十五三昧式』）。これは、恵心が、念仏を助ける方法として、臨終行儀の条に「祇洹の西北の角にて、日光の没する処に、無常院を為れり、若し病者有れば、安置して中に在く。（中略）其の堂の中に、一の立像を置けり。金薄をもつてこれに塗り、面を西方に向けたり。其の像の右の手は挙げ、左の手の中には、一の五綵の幡の脚を垂れて地に曳けるを繋ぐ。当に病者を安んぜんとして、像の後に在き、左の手に幡の脚を執り、仏に従つて浄土に往くの意を作さしむ。瞻病する者は、香を焼き、華を散らして、病者を荘厳す」とか、「仏像を東に向け、病者をその前に在く。行者等、若しは病み、病まざらんも、命終らんと欲する時は、もつぱら上の念仏三昧の法に依り、身心を正当え、面を廻らして西に向け、心も亦専注して阿弥陀仏を観想し、心と口と想応して声々絶ゆること莫く、決定して往生の想と華台の聖衆来つて迎接するの想を作せ」などと説くのに因縁するのだが、ここに注意すべきことは菩提講の講衆は、弥陀来迎を悲願するの余り、「ただ仏の像を想うすら（すなわち観念念仏をすることだけでさえ）無量の福を得、況んや復た仏の具足せる身の相を観ぜんをや」という恵心の熱情に動かされて、各自がそれぞれ聖像に扮装して、弥陀来迎の光景を現実に演じだしたという事実である。

かくのごとく、僧侶が聖衆に扮して念仏信者を来迎する演劇的所作が、すなわち世にいう「迎講」である。この迎講は「菩提講などの折節の迎講」（『栄華物語』巻十五）として藤原貴族に親しまれ、やがて一般に流行して（その伝統は現在にまで残っている）、来迎図の制作や用途に種々の興深い影響を与えることになるのである。次に、試みに迎講と関連ある来迎図の二、三例を挙げてみよう。

一　藤原末期の作と見るべき高野山有志八幡講十八箇院所蔵の来迎図は、その裏書によれば、もとは叡山横川に伝えられ、毎年七月十五日を限って拝観されたものだが、叡山横川は藤原末期には迎講の特に盛んに行われた所であり、十五日は菩提講の結縁された当日である。藤原後期に永観という高僧が、菩提講にならって組織した往生講では、その本尊として「弥陀迎接」の画像（すなわち来迎図）が用いられた事実（『往生講式』に拠る）を思うと、この図はおそらく、往生講のごとき講の本尊として制作され、講衆の観念念仏の対象になったものと考えられる。

二　鎌倉末期に当時遺存した古図に拠って描かれたと見るべき金戒光明寺の来迎図（図1）は、その色紙形に、恵心が正暦五年（九九四）に図絵した旨を記し、叡山の満月を連想させる構図だが、恵心が弥陀の容貌を秋の満月に譬えたことや毎月十五日の夜に菩提講を結縁した事実を思うと、この図もまた迎講と一脈の関係を持ちそうである。藤原後期の説話に、恵心が日頃親しく交際していた信徒の臨終に当り、その信徒から「往生え扶持」（すなわち迎講的な儀式を意味する）を求められて、自分がその家に赴く代りに、「迎接曼荼羅」（来迎図のこと）を送って、それを礼拝して往生せよと教えたという話がある（『後拾遺往生伝』）。その話が事実かどうかは不明だが、この図の弥陀の手に、現在でも五色の糸の名残りがあることを考えると、かかる叡山の満月を偲ばせる山越来迎図は、多分、念仏信徒の臨終などに、迎講のごとき儀式を行う略儀として、枕辺に飾られたものであろう。

三　鎌倉末期から室町初葉の作と見るべき川崎家旧蔵の来迎図（図12）は、山の端の月を思わせる弥陀と、迎講儀式の実況を想像させる聖衆とを描いている。藤原期の説話に、恵心が兇暴な武士に菩提心を起させようとして迎講をしたことを伝えており、その迎講では、聖衆に扮する人々が山のかげから奏楽してあらわれて来たということを考えると（『今昔物語』巻十九第四）、この図の構図は藤原期に行われた迎講の実況に因縁していると推定される。

要するに、恵心の信仰においては、浄土教の絵画は主として観念念仏の対象として制作され使用されたと見るべきであって、弥陀画像は日頃の念仏の際に弥陀を観ずるよすがとなり、来迎図は、弥陀画像の礼拝に堪えぬ時や、臨終に念仏をする時、または菩提心を起させんとする時に、重要な用具として礼拝されたものと思われる。恵心の信仰は当時の貴族に極めて大きな影響を与えているから、浄土教絵画は、藤原期から鎌倉初期にかけては、主として、このような恵心の信仰に基いて制作され、礼拝されていたものと認められる。

二　法然の場合

平安より鎌倉へ、変転の時代に生きた法然は、恵心の思想を受けさらにそれを改訂して、南都北嶺の衆徒からあらゆる迫害を受けながらも、敢然として浄土宗という新宗派を建設して、日本宗教史上に画期的な功績を遺した高僧である。彼の信仰上の結論は、名著『撰択本願念仏集』にも見えるとおり、浄土往生をするための種々の手段に、三つの取捨撰択を行って、口称念仏こそ浄土往生の最も正しい方法であると断定し、浄土を信ずる者は専ら口称念仏を修むべきだと主張するのである。この法然の信仰から見て、浄土教絵画はどのような意義を持つであろうか。ここには法然の行った三選択を通じて、彼の浄土教芸術に対する態度を論じ、併せて、浄土教絵画が鎌倉時代に持った新しい宗教的役割について説いてみよう。

恵心の信仰との近似性

法然の行った第一の選択は、聖道門を捨て、浄土の一門を採るべしという主張である。従来日本や中国に行われた総ての宗派は、何れも自力難行の宗旨で、末世のわれわれ凡夫に容易に悟れるものではないから、われわれはまず第一に他力易行の浄土門に帰依し、専ら弥陀の本願に縋って、極楽浄土に往生することを願うべきだというのである。これは恵心の主張を一層鮮明にしたものであって、従来の諸宗を全く否定し、他宗の迫害を却けて、浄土宗の創立を敢然と宣言した主張である。

第二の選択は、弥陀如来に関する修業をする以外には、一切の雑業雑修を捨てよという主張であって、弥陀に関する修業としては、五種の念仏を修めねばならぬと説いている。この五種の念仏には、弥陀に対する観察・礼拝・讃歎・供養などが含まれているから、この点もまた恵心の信仰と極めて近い関係にあると見られる。法然は「いかにも〳〵最後の正念を成就して、目に阿弥陀ほとけを見たてまつり、口に阿弥陀の名号をとなえ、心には聖衆の来迎をまちたてまつるべし」(『七箇条起請文』)といっているが、それは恵心が「今既に病床に臥す、恐れずんばある可からず、須らく目を閉じて合掌し、一心に誓い期すべし、仏の相好に非ざるよりは余の色を見ること勿れ、仏の法音に非ざるよりは、余の声を聞くこと勿れ」(『要集』巻中、第六別時念仏)などと説いたのと全く同じ信仰であった。

従って、法然は、浄土教芸術に対しても、相当強い関心を持っており、信徒の作った弥陀三尊の彫像を開眼して、「御仏、仰にしたがい、具に開眼して、下し参らせ候、阿弥陀の三尊造りて参らせ候いける、返々神妙に候、仏像造りまいらせたるは目出度功徳にて候也」(「津戸三郎へ遣す返事」)と書き送ったり、臨終の枕本尊とする来迎の弥陀像に来迎の糸をどう繋ぐか、その方法について信徒の疑問に詳細な解答を与えたりしているのである(『一百四十五箇条問答』)。これらの点から推して、法然が浄土教の彫刻や絵画を信仰上の用具として礼拝することを認めたのは、恵心と同様だったと思われる。

口称念仏と浄土教絵画

しかしながら、法然の浄土教絵画に対する態度は、彼の最後の撰択では重大な変化を示している。すなわち、第一の撰択で聖道門を捨てて浄土門を採り、第二の撰択で雑業を却けて五つの正業を修むべき事を説いた法然は、さらに第三の撰択において、その五正業を二分して、観察・礼拝・讃歎などの四業は口称念仏の助業に過ぎぬと述べ、口称念仏の一業こそ、浄土往生の正定業なりと断じているのである。ここに法然と恵心の浄土信仰における態度の相異が明らかに認められる。恵心においては観念念仏は口称念仏とともに浄土往生の重要不可欠の手段であったが、法然においては、観念念仏は、口称念仏に較べてむしろ第二義的な手段とされた。従って、恵心と法然の浄土教美術に対する態度も、少なからぬ相異を生じた。観念念仏と密接不離の関係にある浄土教の絵画は、口称念仏を最も大切な手段とする法然から見ると、結局は第二義的な価値を持つに過ぎない。

法然はまた「迎接の曼荼羅（来迎図のこと）はたいせちにおはしまし候、それも次ぎのことに候、ただ念仏一心に申させおはしまし候はんぞ、決定往生のおこないにては候」（「熊谷入道へ遣わす返事」）と教えているのである。彼は来迎図のような浄土教の絵画を口称念仏の助業として否定しなかったけれども、恵心が――来迎図を観ずることは浄土往生の正業であるとして――信者の臨終の際に、自分が行く代りに来迎図を送ったという説話があるのに比較すると、法然の浄土教絵画に対する態度は、著しく消極的だといわねばならない。『決答疑問抄』の問答に、ある人が色想観は『観経』に説いてあるから、たとえ称名の行人でもこればかりは観ずべきでありましょうと尋ねたのに対して、法然が、自分も昔は「さるいたづら事」をしたが、今はただ称名を申すだけだと答えたことが見えているし、『行状画図』にも「近来の行人観法（観念念仏のこと）をなすことなかれ、仏像を観ずとも運慶・康慶が造りたる仏ほどだにも観じあらわすべからず、極楽の荘厳を観ずとも、桜梅桃李の花果ほどだにも観じあらわさんことかたかるべし。（中略）ふかく本願をたのみて一向に名号を唱うべし」と常に語ったと記している。

要するに、恵心は浄土教美術を宗教的熱情を注ぐ有難い対象物として眺めたが、法然はその美術を、信仰上の一用具として、むしろ冷やかに眺めたのである。恵心が優れた芸術的感覚をもって教えた浄土の世界は、正に「天の画師」が描いた絵画のような感じがしたが、法然の説く浄土の信仰は、恵心の芸術的信仰とは大いに異なり、彼自らもいうように、たとえ観法をしても、運慶や康慶が造った仏ほどにも観じあらわす力のない、芸術的感覚の乏しい信仰なのであった。ここに法然の信仰と芸術との関係の特色がある。いいかえるとかつては恵心の思想から生れて、時代人が、あるいは恐怖しあるいは憧憬した、六道絵や観経変相図・来迎図などが、法然においては、やがて、浄土教思想の絵解的性格を帯びる新しい傾向を生じたと見ることができる。さらにいい換えると、平安時代には浄土教の絵画は主として礼拝の対象として、仏や菩薩そのものとして、制作されていたが、鎌倉時代には、やがて、教理解説の用具的役割を担わされる傾向を生じたのである。

試みに、恵心の居た叡山に伝えられた（現在は高野にある）来迎図と、法然の開いた知恩院にある鎌倉後半期の作と思われる来迎図（もとから知恩院にあったかどうかは不明）とを比較してみよう。高野の大作では弥陀や聖衆が画面を見るわれわれを迎えに来るのに対して、知恩院の作では、弥陀と聖衆が画面右下隅の一屋内の僧侶を来迎している。前者ではは救済されるのはわれわれ自身だが、後者ではわれわれは弥陀来迎の感激的光景を眺める第三者の立場になっている。すなわち、かの図が礼拝の対象となるにいかにもふさわしい構図であるのに較べて、この図はむしろ、来迎の教理を説明するのに適当した図様である。高野の作でその正面的な構図は極めて静かで、聖衆は着色坐像に描かれているのに対して、知恩院の作では、弥陀や聖衆は金色立像に現わされて、画面左上隅から右下隅へと、山腹をかすめて急転直下している。『観経』は、弥陀来迎の際に、人々の極楽に往生する速度の極めて早いことや、仏、菩薩が金色であること、また浄土の宝楼や化仏のあらわれることなどを説いているが、これらの点では、知恩院の来迎図は高野の大作より遥かに教理に忠実だということができる。

法然の信仰においては、恵心の場合と同じく、絵画を観念念仏の対象とすることは認められていた。しかし、法然は、口称念仏を第一の手段として、観念念仏をそれほど重要視しなかったがために、従来専ら礼拝の対象として制作され使用された浄土教絵画の外に、ここに新しく、教理説明の手段としての絵画類も盛行する傾向を生じた。そして、かかる法然の信仰は、鎌倉時代もやや下ってから勢力を持つに至ったが、浄土教絵画も、鎌倉時代中期以後には次第に説明的傾向の著しいものが作られるようになったと見られる。

さて、平安時代と鎌倉時代に、浄土教絵画には、信仰上からいって、右に述べたような変化があったとすれば、下って室町時代にはどうであったろうか。

三　親鸞の場合

親鸞は浄土真宗の開祖として、他力廻向の説を唱え、信心こそ最も大切なものであると主張し、いわゆる絶対他力論を成立させようとして、わが国の宗教改革に極めて大きな役割を演じた高僧である。彼の思想は、恵心や法然に較べると、さらに一段と徹底したものであって、彼の生存中は勿論、鎌倉時代を通じてもあまり勢力を持つに至らず、その思想や信仰が、真に浄土教絵画に関係を持つようになるのは、大体、室町時代に入って以後のように思われる。

まず、彼の信仰を名著『教行信証』によって略述すると、彼はあらゆる経典のうち、『大無量寿経』（『大経』）こそは釈尊の真意を最も明らかに伝えたものであると主張し（教）、その『大経』に説かれた「南無阿弥陀仏」の名号こそ、最も有難いものだと論じ（行）、弥陀の名号を信仰するのがわれわれにとっては第一に大切だが、われわれが信仰心を起すのは、全く仏の力の賜であって、仏の慈悲心によってのみ、仏の名号を信仰させてもらえるのだと述べ（信）、仏の慈悲心によって弥陀の名号を信仰させて頂く結果、われわれ凡夫も往生即成仏ができるのだ（証）と教えるのであって、さらに三願転入の説によって、かかる絶対他力の思想をあくまで強調するのである。この親鸞の絶対他力説は、浄土教の絵画といかなる関係があるだろうか。

教＝観経軽視

彼によると、浄土三部経のうち、『観経』（『観無量寿経』）や『小経』（『阿弥陀経』）所説には表裏の二面があるが、それらの経典の裏に暗示される絶対他力の思想は、『大経』に最もよく示されているという。ところが、浄土三部経の中では、『観経』が最も芸術的色彩の濃厚な経典で、『観経』に較べると『大経』はさほど芸術的なものとはいえず、わが国の浄土教芸術の大部分は、『観経』の思想に因縁しているのである。恵心と法然はともに善導の『観経疏』の説を重要視しているが、親鸞は、それに対してむしろ『大経』を尊重しているのだから、この事実を考えると、『観経』を捨て、『大経』を採る親鸞が、浄土教芸術に対してはむしろ否定的態度を採っていた理由も自らほぼ想像されることである。

行＝光明本尊

親鸞は、『大経』に説かれた弥陀の名号を最も有難いものと説いているから、真宗ではいわゆる光明本尊の制作、礼拝が盛んである。光明本尊とは、「南無不可思議光如来」「南無阿弥陀仏」などと仏名を記し、時に真宗の法系を示す高僧画像（真宗絵系図という）を描き添えたりするので、「他流には名号よりは絵像、絵像よりは木像と云うなり、当流には木仏よりは画像、画像よりは名号というなり」（『蓮如上人御一代聞書』）と尊ばれるものである。この一事からみても、親鸞の信仰にとって、絵画はさほど重要でなかったことは明瞭だが、ただ二河白道図だけは、彼が重要視した唯一の浄土教の絵画であった。

信＝二河白道図

われわれ凡夫はただ仏名を信じさえすればよい、信仰心を起す時、すべてはたちまち解決するという親鸞にとって、多くの浄土教の絵画は否定し去られるが、信仰の一路を進めと教える二河白道図だけは、彼にとって最も意義深い絵画であった。「二河の中に就て一譬喩を説きて信心を守護し、以て外邪異見の難を防がん」（『愚禿鈔』）といって二河譬(にがひ)を詳しく説明し、「また親鸞も偏頗あるのとき、さふらへば、（中略）二河の譬喩なんどかきてかたぐ〳〵へ、ひとびとにくだしてさふらふも云々」（「慈信房への消息」）と述べたりしているところから推して彼が二河白道図を尊重したことは確かである。現に真宗系の寺院には二河白道図はもっともしばしば見受けられる画題である。

証＝不来迎

親鸞の思想の骨子は要するに、「ただ信ずる」の一語に尽き、信心起る時直ちに浄土往生・弥陀来迎は決定すると説くのだから、絶対他力の真宗においては、六道も生死の海も浄土もなく、弥陀来迎の楽しみさえも、全く問題とはなり得なかった。恵心と法然が、その方法に多少相異する点はあっても、ともに念仏という手段によって浄土に憧れ来迎を待ち、日毎修業を重ねたのに較べて、信心定まればその時「即身成仏」したのだとする親鸞の考えは全く違った思想である。「いまだに信心さだまらざらん人は臨終をも期し、来迎をもまたせたまうべし」（『末燈抄』）、「信心のさだまるとき往生またさだまるなり、来迎の儀則をまたず」（同上）といい、「臨終まつこと来迎たのむことは諸行往生のひとにいふべし、真実信心の行人は（中略）臨終まつ事なし、来迎たのむ事なし」（『執持抄』）と断ずる親鸞としては、来迎図や観経変相図などはほとんど無意義な存在であった。彼においては、来迎図を拝することなく、弥陀の画像や浄土変相図によって、仏を観じ浄土を念ずることもなく、ただひたすらに信ずること、それこそ絶対唯一の修道であった。

以上、本章に述べた所を要約すれば、浄土教の絵画は、多く恵心僧都の芸術味豊かな浄土教信仰に基づいて発展したもので、弥陀画像を始め来迎図・観経変相図などは、いずれも平時または臨終の念仏の際に、仏や浄土を観念する為の礼拝の対象とされていた。しかるに、法然上人は専ら口称念仏を主としたから、これらの絵画の礼拝はむしろ第二義的な助業とされ、絵画は教理説明の絵解き的性格を帯びる傾向を増加した。さらに、下って、親鸞に至っては「善人なほもて往生す、ましていわんや悪人をや」と説くほどだから、芸術などは遊びごととしてこれを却け、絵画の礼拝は問題とされず、わずかに二河白道図が信心を勧める手段に用いられ、親鸞以後も、光明本尊や真宗絵系図のごとき極めて素朴なものが行われるに過ぎなかった。

従って、浄土教の信仰と絵画との関係は、恵心において最も著しく、法然においてそれに次ぎ、親鸞はむしろ無関係であったといえるであろう。そしてまた、このことは平安、鎌倉、室町の時代を通ずる浄土教芸術の興亡ともまた密接な関連を持っているのである。

解説

山折哲雄

大串純夫さんは、昭和三〇年七月に四二歳の若さで亡くなった。それから今年まで、二八年の歳月が流れている。

こんど、その大串さんの論文集を編むという話をきかされたとき、そういう企てがこれまでになかったらしいことが想い出されて、私はあらためて奇異の念を抱いた。あるいは、そのような企てはあっても、実現をみなかっただけなのかもしれない。その辺の事情は私にはよくわからないが、しかし二八年という月日の流れが少々長すぎたような気がしたのである。

私が大串さんの作品にはじめて出会ったのは一五年ほど以前のことであるから、生前の氏を私はもちろん知らない。その人となりも経歴も全く不案内のまま、『国華』に連載されたひとつづきの「来迎芸術論」に対面したのであった。このとき、その作品の世界をほんとうに理解できたかどうかはまことにおぼつかないが、しかしそれでも不思議に快い読後感にみたされたことを今でもよく覚えている。そして漠然とではあったけれども、ただ何となく大串さんがどこかに生きているかのように思いこみ、いつの日にかお会いできるのではないかという期待に胸をふくらませるようになっていたのである。だが、その期待が永遠にみたされないものであることを、やがて私は知った。

大串さんは、明治四五年に東京の麻布で生まれた。滝野川小学校から高等師範付属中学校にすすみ、やがて旧制の成蹊高校に入った。そのあと東京帝国大学では美学美術史を専攻し、昭和一〇年暮に卒業論文「来迎芸術論——宗教芸術の精神的解釈——」を提出して、翌春、大学を出た。卒業後に美術研究所（現、東京国立文化財研究所）に就職し、そのかたわら母校の成蹊高校の英語教師を勤めた。

結婚したのは昭和一五年であったが、同一八年、三一歳のときに召集をうけ、満州のハルピンへ送られた。現地では軍務の関係もあってロシア語を修得したが、昭和二〇年の敗戦と同時にシベリアへ抑留され、帰国したのが同二五年である。そのまま研究所に復帰した大串さんは、昭和二八年から一年間、日本の古美術をアメリカで展観する仕事の責任者の一人として渡米し、各地を巡回した。この企ては戦後はじめてのことでもあり内外に大きな反響を呼んだが、帰国後ほどなくして昭和三〇年七月に急逝したのである。

大串さんが卒業論文として「来迎芸術論」をかいたのはさきにものべたように昭和一〇年であるが、その内容がさらに彫琢を加えられ取捨をへて『国華』誌上に分載されたのが、昭和一五年八月から翌一六年七月にかけてであった。その間に約五年の歳月が経過しているが、この時期はまた世界大戦にむけて時代の重圧がしだいに高まりつつあったころでもある。

「来迎芸術」というのは、主として平安朝から鎌倉時代にかけて制作された浄土教美術のある種のものを総称する用語であるが、大串さんの仕事は、その「来迎芸術」の成立基盤を広い視野から立体的に再構成しようとするところに特色があった。一口に浄土教美術といっても、それはまず寺院建築や礼拝本尊からはじまって壁画や絵巻や図絵へとつづき、さらに仮面や衣裳などの分野も加わって、全体として広範な領域が形成されている。そしてそれらのいわば宗教・芸術運動を根本のところで動機づけ方向づけたのが平安時代の中期に活躍した恵心僧都・源信であり、かれの主著『往生要集』であったことは、ここであらためていうまでもないことである。

ところで大串さんは、そのような広がりをもつ来迎芸術の意味を巨視的にも微視的にもとらえるための方法として、「迎講(むかえこう)」という儀礼行動をその研究の中心にすえた。この「迎講」というパフォーマンスの形式は、浄土教思想を論理的に表現した源信のテキストの世界と、浄土往生の願望を美的に表現した仏画の世界とを儀礼的に媒介する行為的表現であり、それが一種の分析概念もしくは概念枠組として活用されているのである。

私はそのような方法が、大串さん以前や以後の美術史研究の分野にはたしてあったのかどうかについて十分の知識をもち合せてはいない。しかしながら氏の「来迎芸術論」が、いわば美術史研究における演劇論的分析とでもいうべき新手法を積極的に採用し、かつその試みにみごと成功して今日なおわれわれに新鮮な魅力を伝えているということに驚かされるのである。その意味でこの論文は、いうところの美術史研究の枠組をふみ破ろうとする勢いを内包していたとさえいえるのではないであろうか。

昨年四月の上旬のことであるが、私はこの論文集を企画編集した法藏館の美谷克美さんといっしょに大串さんの御遺族を東京の練馬区にあるお宅に訪ねた。奥様にお目にかかって、生前の大串さんについていろいろお話をうかがったのであるが、そのとき奥様から大串さんの卒業論文の原本をみせていただいた。

その原本は、原稿用紙にかかれた本文を黄褐色の美しい布裂で和装とじにした二巻本で、表紙には「来迎芸術論」と凡張面な字で墨書きされていた。その表紙裏には審査委員氏名の欄に藤懸教授と記され、論文送付の日時が昭和一〇年一二月二八日とみえる。

大串さんはこの論文の「はしがき」の冒頭で、二人の親しい人の死についてのべている。大学に席をおいた第一年目に従弟を、そしてその第二年目に祖母を失なったことを記し、それが契機になって、死の芸術ともいうべき「来迎図」に関心をもつようになり、ついに卒業論文の主題にとりあげるまでになったのだとかいている。そしてそのできあがった論文を一心に清書していた昭和一〇年の暮になって、突然、小学校時代からの親友の訃報に接した。大串さんはそのことを論文の末尾に付記して次のようにかきつぎ、そして擱筆している。

死の瞬間に於て絶対永遠の生を求めた上代人、中世人のはかない憧れを思ひつゝ、金戒光明寺の来迎図の五色の絲を心ににぎりしめて、祖母・従弟・親友の冥福を祈りながら十二月十二日夜十二時此処に筆をおく。

論文の末尾に付記されたこの一文は、氏が死にたいして異常に敏感になっていた当時の雰囲気をよく伝えているが、その繊細な感情のさざなみはもちろん当の「来迎芸術論」の全篇にもただよっている。というのもそこでは、氏の構想する来迎芸術の本質が「死の芸術の誕生」としてとらえられ、あわせてその歴史的展開の相が丹念にたどられているからである。

「死」にたいする敏感な神経というものは、芸術作品に向うときの心構えをも規定せずにはおかないであろう。大串さんはさきにふれた「はしがき」のなかで、自分は元来、芸術を溺愛しそれに陶酔する型の人間であると告白している。しかるにこの芸術の溺愛家・享楽家は、同時に芸術の客観的な鑑賞または研究という醒めた領域へと歩をすすめなければならない。それが自分にとっては「非常な苦痛」になるのだという。

このような想いは、芸術作品の鑑賞や研究においては誰の胸にも訪れる素朴な疑問であるのかもしれない。しかし考えようによっては、どこまでも未解決のままうけつがれていく永遠のテーマであるといえないこともない。とりわけいく人かの大事な人々の死にとりまかれていたそのころの大串さんにとって、その疑問はもっと深いところから噴きあげてくる直覚のようなものではなかったであろうか。

卒業論文の「来迎芸術論」が大学に提出されたのはさきにも記したように昭和一〇年の暮であったが、それから五年たった昭和一五年の八月になって、全く装いを新たにした「来迎芸術論」の連作が『国華』誌上にのりはじめた。われわれにもよく知られている、本書に収載した論文である。そしてこの五年の歳月が演出した改変のつめあとが、『国華』誌上の論文に明瞭にあらわれていたのである。すなわちそこではまず、もとの論文のサブ・タイトルとして付せられていた「宗教芸術の精神的解釈」という一文が削られ、あたかもその改変と呼応するかのように、芸術作品に陶酔し惑溺する作者の面影がすっかり消え去っている。すくなくとも、芸術の感傷的な溺愛者ははるか後景にしりぞいてしまっているのである。

大串さんはおそらく、この五年のあいだに、自分のうちにひそむ芸術の毒に酔い痴れるもう一人の自己を抑圧し、そうすることによって、冷ややかな眼を有するもう一人の鑑賞家の映像を呼びさまそうとしたのであったにちがいない。そのときの断念がどのようなものであったかをはかることはむつかしいが、しかし新たな「論文」における芸術の溺愛家の喪失という事態は、同時に原「論文」には影も姿もみせなかったユニークな主題をそこに浮上させることになったのである。すなわちそれが、「迎講」というテーマであった。さきにもふれたように迎講においてくりひろげられる儀礼‐芸能的なパフォーマンスの世界は、造型表現としての来迎芸術と浄土教テキストの思想とを媒介する仮装の演劇空間であり、その空間の分析を通して行為的次元における来迎芸術の真実に迫ろうというのが大串さんの手法であった。

こうして昭和一五年は大串さんにとっては、「来迎芸術論」の『国華』への発表と、そして結婚という目出度い出来事が重なる記念すべき年になったが、さきにも記したようにその三年後の同一八年に召集をうけ、二〇年の敗戦と同時にシベリアに抑留された。いわば大串さんの長いソ連体験がはじまったのである。抑留の期間が五年、応召のときから数えると七年のあいだ祖国を離れていたことになる。

今のところ、大串さんのソ連体験の内容をうかがわせるような資料はきわめて乏しいが、著作目録によると二点だけ関連論文が見出される。その一つは「ソヴィエト領中央アジアの古代住居跡」（昭和二七年）であり、もう一つが翻訳で「ソヴィエト領中央アジアの古代壁画――エス・ペー・トルストフのトップラック・カラ発掘について――」（共訳・昭和二八年）である。いずれも、トルストフ教授によって指導された大規模な考古学的調査の概要を日本に紹介する目的でかかれたものであるが、計七年の外地体験で身につけたロシア語がようやく役に立ちつつあったのである。

シベリアから帰国したのが昭和二五年で、まもなく国立文化財研究所に復帰したことについてはさきにのべた。ソ連の考古学調査の紹介はその直後におこなわれているが、それと平行して「信貴山縁起絵巻」の本格的な研究が着手されている。しかしその仕事は、やがて中断を余儀なくされたのではないであろうか。というのも、大串さんは日本の古美術をアメリカで展観するための責任者の一人としてその準備に追われ、渡米しなければならなかったからである。それは昭和二八年から約一年間にわたる、気骨の折れる旅であった。そしてその旅は、五年間のシベリア生活からわずか三年たらずの期間をおいておとずれてきた、大串さんにとっての思いもかけないアメリカ体験であったといってもいい。当時のソ連の社会体制とアメリカの政治状況に大串さんがどのような気持を抱いていたのか、もはや知るよしもない。ただ無事に責任をはたして昭和二九年に帰国したあと、氏には研究者としての時間がほとんどのこされてはいなかった。なぜなら翌三〇年の七月に、氏は世を去っているからである。

大学を卒業してから結婚するまでのまだ若いころ、大串さんは田崎草雲についての短かい文章をいくつかかいている。発表誌はいずれも『南画鑑賞』で、「草雲先生の私生活」上・下（昭和一一年）と「田崎草雲の前半生」（昭和一五年）と題するエッセイがそれである。田崎草雲は明治の画仙といわれ、その狷介な人柄によって人に怖れられたが、晩年はたった独りで栃木県の足利市に住み、貧と酒のなかに隠逸の生活を楽しんだ。足利は、大串さんが大学在学当時からしばしば足を運んだ母方の里でもあり、草雲はその母方の実家へ時に尋ねたこともあったというから、その縁で草雲論をかくことになったのであろう。

いまそのエッセイを読んでみると、文章に暢達の気がみなぎり、発想もまた自在である。あの芸術の溺愛家がすこしばかり顔をのぞかせ、郷土の画仙にたいする敬愛の想いがその表情ににじみでているのである。私ははじめ田崎草雲についてのこれらのエッセイを読んだとき、一瞬、これが「来迎芸術論」の作者の筆になる文章かと不思議に思ったことを覚えているが、しかしながらそのあとすぐに、それはそれで「来迎芸術論」の世界に通じていないこともないと思い返したのであった。ただそのあたりの事情について、その後の作者から何事もきくことができないのがいかにも残念である。というのも私にとっての大串純夫という存在は、前記した田崎草雲論がかかれたころ、——ということは最初の「来迎芸術論」があとの「来迎芸術論」へとしだいに成熟していくころ、ということであるのだが、その前後のころに一段と光り輝いてみえるように思われるからなのである。

私が法藏館の美谷克美さんから、大串さんの論文集を編みたいという話をはじめてうかがったのは、今からちょうど一年前のことであった。そして同時に、その解説をかくようにとのお勧めをうけた。私はさきにもかいてきたようないきさつもあって、その任でないことにこだわり、あれこれ思い惑ったのであるが、しかしこれまで大串さんからうけてきた学恩をかえりみ、また美谷さんの熱意にもひかされてこの文章をかくことになったのである。

美谷さんは戦後もずっとあとになってから東大の仏文に学んだ人であるが、もともとは美術史を専攻したかったのだという。もしもその通りにいっていたとすれば、大串さんの文字通りの後輩になる人であった。そういう美術への想いや関心が陰に陽に作用して、こんどの論文集の出版へと機が熟していったのである。

今は、美谷さんともども本書を大串さんの霊前に捧げて、はるか後世からのささやかなご挨拶にかえさせていただこうと思う。

（法蔵選書『来迎芸術』より再録）

大串純夫論文目録（＊印は本書所収）

（昭和年・月）

草雲先生の私生活（上・下）『南画鑑賞』五—一一・一二（11・11　11・12）

筑陽の寿星図について『国華』五六五（12・12）

南山澄照法菩薩図について『国華』五七一（13・6）

楚石の賛ある因陀羅図『国華』五八三（14・6）

田崎草雲の前半生『南画鑑賞』九—九（15・10）

＊来迎芸術論（一〜五）『国華』五九七（15・8）六〇一（15・12）六〇四（16・3）六〇五（16・4）六〇八（16・7）

浄世と浄土—浄土教芸術の末期的存在形態について『浮世絵界』六—一（16・1）

阿日寺の弥陀聖衆来迎図に就て『美術研究』一一五（16・7）

＊十界図考（上・下）『美術研究』一一九・一二〇（16・11　16・12）

来迎芸術の特質と鑑賞『美術新報』二一（17・4）

仏画の線と色『大和絵研究』一—五（17・6）

Some Aspects of Japanese Buddhist Art　Bulletin of Eastern Art, No.31（17・7）

阿弥陀三尊及童子図（法華寺蔵）解説　『日本美術資料』五（17・11）

渡海文殊像について　『美術研究』一三一（18・4）

＊浄土教の思潮と絵画―恵心・法然・親鸞の芸術観
『国華』七〇四（25・11）

極めてよく似た三つの聖徳太子絵巻　『国華』七一一（26・6）

聖徳太子弓戯図（今井政治郎氏蔵）解説　『国華』七一一（26・6）

人麿像の成立と東寺山水屏風　『美術研究』一六四（27・1）

＊来迎芸術―五色の糸をたぐって　『ミュージアム』一六（27・7）

ソヴィエト領中央アジアの古代住居跡　『建築史研究』九（27・10）

信貴山縁起絵巻の詞―同絵巻研究の序説として（上・下）
『国華』七三一・七三二（28・2　28・3）

十念寺の来迎絵　『ミュージアム』二八（28・7）

信貴山縁起関係説話―同絵巻研究の序説として
『美術研究』一七〇（28・9）

粉河寺縁起（粉河寺蔵）解説　『美術研究』一七一（28・11）

法成寺十斎堂の地獄絵―研究資料　『美術研究』一七六（29・7）
信貴山縁起絵巻の成立をめぐる歴史的条件―同絵巻研究の序説として
『美術研究』一七七（29・9）
『ミュージアム』四三（29・10）
＊地獄絵
六道絵新資料　『国華』七五三（29・12）
弥陀聖衆来迎図（新知恩院蔵）解説　『国華』七五五（30・2）

翻　訳

ソヴィエト領中央アジアの古代壁画　『仏教芸術』二〇（28・12）
―エス・ペー・トルストフのトップラック・カラ発掘について〈共訳〉

後記

一、本書は故大串純夫氏の論文を編纂したものである。各論の初出は巻末論文目録に付記した。

一、誤字・誤植など明らかに誤りと認められる個所は訂正した。

一、本文の表記については、当用漢字体・新かなづかいに統一したほか、通用にならい一部の漢字表記をかなに改めた。（然も→しかも、有様→ありさま、即ち→すなわち、如き→ごとき、殆んど→ほとんど、など）

一、和暦には適宜西暦を補った

法藏館編集部

図版一覧

図12　阿弥陀三尊及童子像　法華寺所蔵（画像提供　法華寺）
図13　法華寺阿弥陀三尊及童子像配置推定図（画像は原著より再録）
図14　山越阿弥陀図　禅林寺所蔵（画像提供　永観堂禅林寺）
図15　山越阿弥陀図　川崎家旧蔵（『日本の美術　来迎図』、至文堂、一九八九年）
図16　山越阿弥陀図　京都国立博物館所蔵（画像提供　京都国立博物館）
図17　十界図　左幅　禅林寺所蔵（画像提供　永観堂禅林寺）
図18　十界図　右幅　禅林寺所蔵（画像提供　永観堂禅林寺）
図19　地蔵十王図　ギメ博物館
図20　仏名会における地獄屏風の位置（『兵範記』所収）（画像は原著より再録）
カバー　阿弥陀聖衆来迎図　奈良国立博物館所蔵（画像提供　ColBase〈https://colbase.nich.go.jp〉）

解説　「来迎芸術論」以後

須藤弘敏

本書に収められた大串純夫の論考では、やはり「来迎芸術論」が最も注目される。ヨーロッパにおける美術史研究の長い蓄積、中国における絵画論の力強い骨格と伝統にくらべたとき、日本では美術史が学問分野として未だ確立していたとは言いがたい一九四〇・四一年に発表された「来迎芸術論」は画期的な成果である。古代中世の日本絵画ことに仏教絵画史を学ぶ者が本論の平明で明快な記述に魅了され、多くの示唆を得ることは今も変わらない。大串の研究が生き生きとしている最大の理由は、強い好奇心と柔軟な思考で絵画の魅力を解き明かし、それを包む大きな空間と時間を現出させていることにある。

大串の没後七〇年近くを経た現在、史料データや経典テキストの入手はきわめて容易になった。仏教美術のうち、彫刻に比べて今も鑑賞機会の乏しい絵画だが、それでも主要な作品の公開が繰り返され、一堂に展示されて比較対照する機会も得られるようになった。仏画や絵巻の基準作例に関する調査報告も公刊され、国所有の仏画については詳細な画像データも卓上で閲覧可能になるなど、情報の共有化はようやく整いつつある。また光学機器やコンピュータの普及は、作品の分析や画像の比較分析を格段に進めている。美術史の研究は蓄積が重ねられ、研究者の数も飛躍的に増えてきた。そして、阿弥陀来迎図に関する関心は今も高く、京都国立博物館での「浄土教絵画」展（一九七三年）、奈良国立博物館での「浄土曼荼羅―極楽浄土と来迎のロマン―」展（一九八三年）が画期的な展観で、さらに源信の一〇〇〇年忌を記念した奈良国立博物館「源信　地獄・極楽への扉」展（二〇一七年）が主要作品を広く公開して、その関心を広く深いものとし、研究の基礎情報を充実させた。

では、大串が提起した阿弥陀来迎図の位置づけ、主要な作品の年代や制作背景や思想との関わりは明らかになっただろうか。また大串がめざそうとした日本美術史研究の視点や視野は継承発展されてきただろうか。そうした大串以後の来迎図研究の道のりを、大串が強い関心を抱いていた問題を中心に検討したい。

まず近年発見された重要な阿弥陀来迎図が二点ある。一つは滋賀県（近江八幡市）浄厳院蔵の阿弥陀聖衆来迎図で、一一世紀末ないし一二世紀初頭にまでさかのぼる現存最古の掛幅装来迎図である。本図が重要なのは小幅であることと院政期の現存仏画としては簡略な表現にある。個人的な礼拝対象が残った貴重な作例である。こうした形状の来迎図が院政期にも多数制作されていたことを推定させる。もう一つは兵庫県（加古川市）鶴林寺太子堂仏後壁に描かれた九品往生図（来迎図）である。赤外線撮影によってのみ図様が確認できるとはいえ、一画面に九つの来迎場面を描き込んだ本図は史料によってのみ知られていた平安時代後半の九品往生図壁画のきわめて貴重な作例で、建築史の研究者はこれを宝治三年（一二四九）に堂が改修された後の制作と推定するが、美術史研究者は壁画は天永三年（一一一二）の堂建立時にきわめて近い時期の制作と確信している。京都近郊だけでなくこうした説話画的な壁画が教化のため多くの地域に存在したことを推測させる好資料である。

大串がその重要性を強調した迎講は多くの記録や伝承があり、鎌倉時代以後とはいえ用いられてきた面や阿弥陀立像も伝わっている。大串は踏み込まなかったが、鳥羽院は四天王寺において出雲聖人が開く迎講に感激し、久安二年（一一四六）から七回も美福門院や高陽（かや）院とともに講衆として結縁し、念仏三昧院を建立するにまで至っている。その様態を直接反映して描かれた大画面来迎図が現在の高野山有志八幡講本来迎図の原画だった可能性は筆者が指摘している。有志八幡講本の伝来に叡山安楽谷が関わった可能性を否定しないが、その成立は難波の海に面した四天王寺念仏三昧院の念仏講という特異な環境に求められ、鳥羽院が描かせた原本を後にやはり講衆となった後白河院が転写させたものが現存本だと筆者は考えている（須藤 一九九四）。なお、迎講と造形については関信子による當麻寺迎講阿弥陀如来立像をめぐる考察が注目され、芸能と造形が一体となって展開したことを明確にした（関 一九九五・九六）。関が協力した「極楽へのいざない—練り供養をめぐる美術—」展（龍谷大学 龍谷ミュージアム、二〇一三年）は大串の夢を実現した企画でもあった。

来迎図には正面向きに対面するように来迎の尊像を描くものと、斜め向きに起きた事象として描く説話画的なものの二つの形式が併存する。正面向きは京都市安楽寿院と大和郡山市松尾寺に伝わる一三世紀のものが古い図様で、治安三年（一〇二三）に藤原道長の逆修供養に用いられた画幅の系統に連なると思われる。一方、斜め向き構図は平等院鳳凰堂の扉絵九品往生図が手慣れた描写を見せていることから、こちらも先行作例があったと推察される。また、先述の浄厳院本の存在は壁扉画だけでなく掛幅礼拝画としても斜め向き構図が選択されていて、二つの形式が同時に展開していたことを示す。少なくとも大串以後に唱えられた、来迎図が正面向き構図から斜め向き構図へ展開したとする説は成り立たない。

院政期の史料に来迎図は「極楽迎接曼陀羅」と記されていて、上皇や女院、摂関家の使用例では本人による逆修供養と亡き人を弔う追善供養と二つの場で用いられていた。つまり、往生を期して阿弥陀仏らの出現を予見するケースと往生が成就したことを確認しようとして見つめるケースがあった。そこから前者が正面向き構図を用い、後者が斜め向き構図を用いたと想定できればよいのだが、そう単純ではない。逆修供養であっても自らの姿を画中に設定して、起こるべき迎接儀式を想い陶然となるケースが十分考えられるし、もう一つは阿弥陀来迎の信仰が念仏者集団に支えられていたことが無視できないからである。来迎図を見つめる視線は往生者自身よりもむしろその人を取り巻く同朋や家族たちの場合の方が多かったはずである。その場合、斜め向き構図が効果的である。逆修でも追善でもない死に臨んだ臨終行儀に用いた来迎図はどうだったか、大串の問いかけもそこにある。大串は奈良法華寺の阿弥陀三尊持幡童子像三幅についてその用い方に大胆な推測を行った上で、阿弥陀像が他幅より古く、その乗雲は他幅制作時に描き足されたとする。使用方法に関する提唱は魅力的で多くの研究者に影響を与えた。しかし、この三幅が鎌倉時代前半に同時に描かれたことを柳沢孝が推断し（柳沢 一九七八）、泉武夫による絵絹と賦彩の精密な分析によりほぼ確定した（泉 二〇二二）。図様自体は大串の言うように阿弥陀像のみ古様だが、それは何らかの信仰に由来したもので、三幅の構成も柳沢が示唆したように左側にもう二幅ある五幅構成だった可能性も十分あり得よう。

大串がもう一つ重視したのが鎌倉時代の山越阿弥陀図である。京都禅林寺、金戒光明寺、京都国立博物館（上野家旧蔵）所蔵の三点はいずれもそれぞれ異なる特徴や信仰背景を持つ。大串はその尊容を「山の端の月」からのインスピレーションと述べ、山の稜線と阿弥陀来迎を重ねた発想を「日本的来迎図様」としている。この発想に感銘した釈迢空（折口信夫）はさらにその幻視的空間の淵源を論じている（折口 一九四七）。ただ、詳しくはここに述べ得ないが、山を間に置いて如来が修行者を見守るという図像自体は大陸にもあった可能性が高く、平安時代後半の法華経見返絵に実例がある。もちろん、そのイメージが日本で好まれて種々のバリエーションを生んだこと自体はその通りである。山中他界観に触れるまでもなく、山に水蒸気や雲、光と影が伴うとき、そして月や太陽が昇り沈む現象が日本人の宗教感情を育んできたことを山越阿弥陀図はよく示している。また、大串が金戒光明寺本で指摘した、五色の糸で阿弥陀像と観者（往生者）を直接結ぶ儀礼については加須屋誠の実践的な研究成果（加須屋 二〇〇三）がある。

なお、「山越」について大串の論考にルビや送り仮名がないため、「やまごし」と読むべきか「やまごえ」と読むべきかあるいはその両様なのかが問題である。読みによって、当然その解釈も異なってくる。大原嘉豊はすべて「やまごし」と主張するが（大原 二〇一二）、中世までの文献や種々の用例そして来迎図多数を見てもやはり二通りの読みがあったと筆者は考える。

日本の阿弥陀来迎図は図像儀軌の束縛が強い仏教美術の中では異例の多種多様な表現を見せている。しかし、その考察はともすれば個々の作品分析に終わりがちである。その中で、来迎図に向けられた視線のありようや絵画と場の問題について、加須屋誠が「まなざし」という認識を提唱したのは大きな収穫である（加須屋 二〇一三）。大串以後の日本の美術史研究は作品の「実証的」分析にこだわり、図像、表現、様式（この概念規定は今も議論が多い）、史料解釈を行って最後に付けたりのように作品の位置づけを述べて事足れりとするのが当たり前になっている。それは絵画というビジョンの力を語った大串の期待とは異なり、絵画史研究者にとっては不本意である。そうした状況を変えようとする試みが、米倉迪夫らによる『絵は語る』シリーズ（平凡社 一九九三〜九六）だった。日本の絵画史研究を質量ともに拡張しようとした本シリーズは一四巻中一一巻の刊行で終わったが、画期的な取り組みだった。その後、佐藤康宏らの努力による『講座日本美術史』六巻（東京大学出版会 二〇〇五）が問題意識を継承し、彫刻史や工芸史の研究者の参加も得て、対象や時代を広げ大きな成果をあげた。しかし、その後の世代の研究者にこうした視座は必ずしも継承されているとは思えないのが残念である。

最後に、本書に収められた「十界図考」や「地獄絵」についても、その後種々の研究がある。ことに聖衆来迎寺本については泉・加須屋・山本による『国宝六道絵』がすぐれた成果であることを付記しておきたい。

（弘前大学名誉教授）

引用文献

泉　武夫『古代中世絵絹集成―基底材の美術史―』中央公論美術出版　二〇二一年
泉　武夫・加須屋誠・山本聡美『国宝　六道絵』中央公論美術出版　二〇〇七年
大原嘉豊「山越阿弥陀図」『國華』一四〇四号　二〇一二年
折口信夫（釈迢空）「山越しの阿弥陀像の画因」『死者の書』一九四七年
加須屋誠「臨終行儀の美術―儀礼・身体・物語―」『仏教説話画の構造と機能―彼岸と此岸のイコノロジー―』中央公論美術出版　二〇〇三年
加須屋誠「新・来迎芸術論―大串純夫の余白に―」『仏教美術論集　四　図像解釈学―権力と他者―』竹林舎　二〇一三年
須藤弘敏『絵は語る　三　高野山阿弥陀聖衆来迎図―夢見る力―』平凡社　一九九四年
関　信子「迎講阿弥陀像考Ⅰ～Ⅲ」『仏教芸術』二二一、二二三、二二四　一九九五～九六年
柳沢　孝「阿弥陀三尊及び童了像」『大和古寺大観　五』岩波書店　一九七八年

来迎図や浄土教美術に関する大串以後の業績は多数あるが、引用文献のみをあげた。

大串純夫（おおぐし　すみお）

1912年東京都に生まれる。1936年東京帝国大学文学部美学美術史学科卒業。日本美術史専攻。帝国美術院附属美術研究所（現 国立文化財機構東京文化財研究所）所員。1943年応召，1950年までシベリアに抑留。帰国後研究所に復帰。1955年逝去。

来迎芸術（らいごうげいじゅつ）

二〇二四年五月一五日　初版第一刷発行

著　者　大串純夫
発行者　西村明高
発行所　株式会社法藏館
京都市下京区正面通烏丸東入
郵便番号　六〇〇-八一五三
電話　〇七五-三四三-〇〇三〇（編集）
〇七五-三四三-五六五六（営業）

装幀者　熊谷博人
印刷・製本　中村印刷株式会社

Printed in Japan
ISBN 978-4-8318-2665-7　C1115

法蔵館文庫既刊より

価格税別

い-1-1
地獄 石田瑞麿著
古代インドで発祥し、中国を経て、日本へとやってきた「地獄」。その歴史と、対概念として浮上する「極楽」について詳細に論じた恰好の概説書。解説＝末木文美士
1200円

つ-1-1・2
平安人物志 上・下（全二冊） 角田文衞著
考古学と文献史学を駆使した角田の博識と推理が冴え渡る、41篇の人物伝。緻密な分析で、平安朝を生きた人々の数奇な生涯を鮮やかに描き出した、歴史的名著。解説＝山田邦和
各1700円

む-1-1
天平芸術の工房 武者小路穣著
正倉院や東大寺をはじめとする花やかな天平芸術の創造にたずさわった工人たちの盛衰を明らかにしていくなかで、古代国家の文化の形成基盤の全体像を考察。解説＝山岸公基
1200円

す-1-1
東洋の合理思想 末木剛博著
インド仏教、中国仏教、中国古典に形式論理を見いだし、西洋思想とは異なる、非自我的な「楕円思考」を東洋の合理思想の根幹として解明する。野矢茂樹氏の解説も再録。
1200円

か-3-1
増補 菩薩ということ 梶山雄一著
迷いと悟りの世界を生きる菩薩の存在は、大乗仏教の真髄である。大乗仏教がめざした人間像を探究しつづけた著者が最終的に到達した菩薩像と、その生き方とは。解説＝桂紹隆
1000円

キ-2-1

ウィトゲンシュタイン・文法・神

アラン・キートリー著
星川啓慈訳

ウィトゲンシュタインの「文法」概念を宗教研究に応用し、自然主義・相対主義・還元主義をのりこえる視点を提供。そして「本物の宗教」に迫らんとする、宗教哲学の好著。

1200円

か-4-1

死と運命

中国古代の思索

金谷治著

「このっぴきならない生命とはいったい何なのか」。孔孟、老荘、荀子等の言葉をてがかりに、中国古代における死、運命、欲望に関する思索を討尋する。解説＝中嶋隆藏

1100円

よ-1-1

劉裕

江南の英雄　宋の武帝

吉川忠夫著

劉裕は微賤な武人に生まれながらも、卓越した行動力と徹底した現実主義によって皇帝となった。だが、即位後その生彩に翳りが――。南朝の権力機構の本質を明らかにする好著。

1000円

か-5-1

一遍語録を読む

金井清光
梅谷繁樹著

一切を捨てた「捨聖」一遍。その思想的背景と生涯を法語から読み解き、巻末では一遍の和讃「別願和讃」を『節用集』『日葡辞書』などを駆使して詳論する。解説＝長澤昌幸

1200円

な-1-2

祭祀と供犠

日本人の自然観・動物観

中村生雄著

動物を「神への捧げもの」とする西洋の供犠との対比から、日本の供養の文化を論じ、殺生・肉食の禁止と宗教との関わりに新たな光を当てた名著が文庫化。解説＝赤坂憲雄

1500円

さ-4-1

ラジオの戦争責任

坂本慎一著

戦前最強の「扇動者」、ラジオ。その歴史を五人の人物伝から繙き、国民が戦争を支持し、また玉音放送によって瞬く間に終戦を受け入れるに至った日本特有の事情を炙り出す。

900円

は-1-1

明治維新と宗教

羽賀祥二著

近代「神道」の形成と特質を仏教までもを含んだ俯瞰的な視野から考察し、「国家神道」に止まらない近代「神道」の姿をダイナミックに描いた、日本近代史の必読文献。

1800円

か-6-1

禅と自然

唐木順三著

近代という無常が露わになった時代をどう乗り越えるか。その克服の可能性を、逆に無常を徹底させる中世の禅思想のなかに見出した卓異の論考を精選。解説＝寺田透・飯島孝良

1100円

ひ-1-1

無神論

久松真一著

「絶対的自律」へ至る道を考究し続けた稀代の哲人・久松真一。その哲学の核心を示す珠玉の論考と自叙伝的エッセイ「学究生活の想い出」を収録。解説＝星野元豊・水野友晴

1000円

た-4-1

聖武天皇

「天平の皇帝」とその時代

瀧浪貞子著

高い政治力を発揮し、数々の事業を推進した聖武天皇。「天平の皇帝」たらんとしたその生涯と治世を鮮やかに描写。ひ弱、優柔不断といった旧来の聖武天皇像に見直しを迫る。

1300円

し-1-2

精神世界のゆくえ

宗教からスピリチュアリティへ

島薗進著

なぜ現代人は「スピリチュアリティ」を求めるのか。宗教や科学に代わる新しい思想を網羅的に分析し、「スピリチュアリティ」の興隆を現代精神史上に位置づけた宗教学の好著。

1500円

よ-2-1

日本人の身体観の歴史

養老孟司著

日本の中世、近世、そして現代哲学の心身論から西欧の身体観まで論じる。固定観念を揺さぶり、常識をくつがえし、人と世界の見方を一変させる、養老「ヒト学」の集大成。

1300円

ぎ-1-1

現代語訳
南海寄帰内法伝
七世紀インド仏教僧伽の日常生活

義浄 撰
宮林昭彦
加藤栄司 訳

唐の僧・義浄がインドでの10年間にわたる留学生活で見た7世紀の僧侶の衣・食・住の実際とは。戒律の実際を知る第一級資料の現代語訳。原書は、鈴木学術財団特別賞受賞。

2500円

と-1-1

文物に現れた北朝隋唐の仏教

礪波護 著

隋唐時代、政治・社会は仏教に対していかに関わり、仏教はどのように変容したのか。文物を含む多彩な史料を用いスリリングに展開される諸論は隋唐時代のイメージを刷新する。

1200円

こ-1-1

神々の精神史

小松和彦 著

カミを語ることは日本人の精神の歴史を語ること。竈神や座敷ワラシ。酒呑童子、ものくさ太郎に、山中の隠れ里伝承など、日本文化の深層に迫った妖怪学第一人者の処女論文集。

1400円

み-1-1

江戸のはやり神

宮田登 著

お稲荷さん、七福神、エエジャナイカ――民衆の関心で爆発的に流行し、不要になれば棄てられた神仏。多様な事例から特徴を解明し、背景にある日本人の心理や宗教意識に迫る。

1200円

さ-5-1

信仰か、マインド・コントロールか
カルト論の構図

櫻井義秀 著

社会はカルトやマインド・コントロールの問題にどう対処すべきか。九〇年代以降のメディアや裁判記録などの分析を通じて、これらの問題を考えるための基礎的理論を提示する。

1100円

う-1-1

日蓮の女性観

植木雅俊 著

仏教は女性蔑視の宗教なのか？　仏教史における男性観、女性観の変遷、『法華経』における提婆達多と龍女の即身成仏を通して検証し、また男性原理と女性原理について考える。

1300円

お-1-1
寺檀の思想　大桑斉著
近世に生まれた寺檀の関係を近代以降にまで存続せしめたものとは何か？　家を基本構造とする幕藩制下の仏教思想を明らかにし、近世社会の本質をも解明する。解説＝松金直美
1200円

や-3-1
藤原道長　山中裕著
道長の生涯を史料から叙述すると共に、人間関係を詳しく説き起こして人物像を浮かびあがらせる。既存の図式的な権力者のイメージをしりぞけ史実の姿に迫る。解説＝大津透
1200円

た-5-1
安倍晴明の一千年　「晴明現象」を読む　田中貴子著
スーパー陰陽師・安倍晴明はいかにして誕生したのか。平安時代に生きた晴明が、時代と世相にあわせて変貌し続ける「晴明現象」を追い、晴明に託された人々の思いを探る好著。
1200円

ふ-1-1
江戸時代の官僚制　藤井譲治著
一次史料にもとづく堅実な分析と考察から、幕藩官僚＝「職」の創出過程とその実態・特質を解明。幕藩官僚制の内実を、明瞭かつコンパクトに論じた日本近世史の快著。
1100円

た-6-1
宗教民俗学　高取正男著
民俗学の見地から日本宗教史へとアプローチし、日本的信仰の淵源をたずねる。高取正男の真骨頂ともいうべき民間信仰史に関する論考12篇を精選。解説＝柴田實／村上紀夫
1400円

み-2-1
天狗と修験者　山岳信仰とその周辺　宮本袈裟雄著
修験道の通史にはじまり、天狗や怪異伝承、修験者の特性と実態、恐山信仰などを考察。入手困難な記録や多様な事例から修験者の固有信仰を幅広く論じる。解説＝鈴木正崇
1200円

た-7-1

法然とその時代

田村圓澄著

法然はいかにして専修念仏へ帰入するに至ったのか。否定を媒介とする法然の廻心を基軸に、歴史研究の成果を「人間」理解一般にまで昇華させた意欲的労作。解説＝坪井剛

1200円

み-3-1

風水講義

三浦國雄著

龍穴を探し当て、その上に墓、家、村、都市を営むと都市や村落は繁栄し、墓主の子孫、家の住人に幸運が訪れる――。原典を通して「風水」の思想と原理を解明する案内書。

1200円

さ-6-1

祭儀と注釈

中世における古代神話

桜井好朗著

神話はいかに変容したのか。注釈が中世神話を創出し、王権－国家の起源を新たに形成。中世芸能世界の成立をも読解した、記念碑的一冊。解説＝星優也

1400円

た-6-2

民俗の日本史

高取正男著

文明化による恩恵とともに、それによって生じた土着側の危機をも捉えることで、文化史学の抜本的な見直しを志した野心的論考12本を収録。解説＝谷川健一・林淳

1400円

ま-1-1

中世の都市と非人

武家の都鎌倉・寺社の都奈良

松尾剛次著

非人はなぜ都市に集まったのか。独自の論理で彼らを救済した仏教教団とは。中世都市の代表・鎌倉と奈良、中世都市民の代表・非人を素材に、都市に見る中世を読み解く。

1200円

た-8-1

維新期天皇祭祀の研究

武田秀章著

幕末維新期における天皇親祭祭祀の展開過程を文久山陵修補事業に端を発する山陵・皇霊祭祀の形成と展開に着目しつつ検討、天皇を基軸とした近代日本国家形成の特質をも探る。

1600円

あ-2-1

方丈記を読む

孤の宇宙へ

荒木浩著

無常を語り、災害文学の嚆矢として著名な『方丈記』。第一人者による校訂本文、大意、原文、解説を含んだエッセイで構成。不安な時代にこそ読みたい、日本古典屈指の名随筆。

1200円

う-2-1

〈小さき社〉の列島史

牛山佳幸著

「村の鎮守」はいかに成立し、変遷を辿ったのか。各地の同名神社群「印鑰社」「ソウドウ社」「女体社」「ウナネ社」に着目し、現地調査・文献を鍵に考察を試みる意欲作。

1300円

わ-1-1

増補 天空の玉座

中国古代帝国の朝政と儀礼

渡辺信一郎著

国家の最高意志決定はどのような手続きをへてなされたのか。朝政と会議の分析を通じて権力中枢の構造的特質を明らかにし、中国古代における皇帝専制と帝国支配の実態に迫る。

1200円

い-3-1

日本の神社と「神道」

井上寛司著

日本固有の宗教および宗教施設とされる神社と、神社祭祀・神祇信仰の問題を「神道」との関わりに視点を据えて、古代から現代までをトータルなかたちで再検討する画期的論考。

1500円

お-2-1

来迎芸術

大串純夫著

阿弥陀来迎図や六道図等の美と信仰のあり方を、浄土教美術に影響を与えた『往生要集』の思想や迎講・仏名会等の宗教行事から考証。解説＝須藤弘敏

1200円

に-1-1

仏教文化の原郷

インドからガンダーラまで

西川幸治著

伽藍、仏塔、仏像、都市、東西文化交流……近代以降、埋もれた聖跡を求めて数多行われた学術探検隊による調査の歴史をたどりつつ、仏教聖地の往事の繁栄の姿をたずねる。

1400円